AF390109

G

LA GUERRE

Paris. — Typ. Walder, rue Bonaparte, 44.

LA GUERRE

STATISTIQUE

DES

ARMÉES DE TERRE ET DE MER

DE

LA FRANCE. — LA PRUSSE. — L'ITALIE.
LA RUSSIE. — L'ESPAGNE. — LE PORTUGAL. — LA HOLLANDE, — LA SUÈDE
ET LA NORWÈGE, — LE DANEMARCK

L'ANGLETERRE
L'AUTRICHE — LA CONFÉDÉRATION GERMANIQUE, — LA TURQUIE
LA MOLDO-VALACHIE, — L'ÉGYPTE. — LA SERVIE
LE MONTÉNÉGRO
LA BELGIQUE, — LA GRÈCE

LA SUISSE — LES ÉTATS-ROMAINS

PARIS

GOSSELIN, ÉDITEUR, 77, BOULEVARD SÉBASTOPOL

1866

LA GUERRE

I

Nous vivons dans un singulier temps. On a toujours
l'air en France d'être surpris par les évènements, et
cependant rien de plus facile que de les prévoir et de
s'assurer contre leur explosion. Il faut qu'on entende
tirer le canon et sonner la charge pour croire à la
guerre. Le peuple le plus belliqueux et le plus sensé du
monde attend, pour s'orienter dans ses croyances et
dans ses intérêts, le premier éclair de la bataille.

Aujourd'hui la poudre a la parole. La goutte ino-
pinée du prince de Gortschakoff n'a pas été, comme

on a pu ... Le plus ... éclate là à la réunion
de la Conférence. Depuis longtemps la guerre était dé-
clarée en principe, et l'on avait savouré dès sa conception.
Mais la guerre, telle qu'elle se présente et telle qu'elle
se fera, n'a ... rien de son antique caractère et de la tra-
dition barbare que se plaît à lui ... avec l'imagina-
tion populaire. Elle ... sa ... libre de
... Elle ne peut ... ce qui a été déjà dé-
truit ... Elle ne peut faire ce qui est
mort. La décomposition des traités de 1815 est faite
depuis longtemps.

La guerre ne sera que l'acte final d'un drame que
l'on répète et qui se joue depuis quelques années avec
assez d'indiscrétion dans les chancelleries.

Nous pourrions, avec une autorité au moins égale à
celle des gens les mieux informés, provoquer la crédulité
publique par les plus ingénieuses théories, pour ou contre les États engagés dans le conflit. Voici l'heure où les
aruspices politiques ont beau jeu avec la naïveté des
masses et l'ignorance des classes éclairées. Les utopistes
de toutes couleurs travaillent en ce moment, du fond
des cafés, des bibliothèques et du péristyle de la Bourse,
au remaniement général de la carte d'Europe. Ils vont
essayer de faire beaucoup de bruit avec des mots vides,
et beaucoup de science politique avec peu de connais-
sance de l'histoire. Nous leur laissons volontiers les pro-
blématiques avantages de la brochure passionnée et de
l'article d'occasion.

Nous nous bornons à grouper et à faire défiler, de-

vant qui sait lire et qui sait comprendre, des dates, des
chiffres, des faits, des discours authentiques. Cette élo-
quence nous suffit.

Mais, en passant, qu'il nous soit permis de proclamer
que si, en dehors des symptômes généraux de la crise
européenne, il nous fallait des signes particuliers de la
gravité des circonstances, nous les trouverions dans le
langage augural des journaux du Gouvernement, et
peut-être dans les illusions et les préjugés d'une grande
partie du Corps législatif à l'endroit de la Prusse et de
l'Italie.

M. Thiers, pérorant en historien et en patriote,
affaibli par le poids de ses revirements philosophiques
et politiques, sur la question romaine et sur celle des
duchés, n'a dû le succès de sa dernière harangue qu'à
une absence de notions historiques et critiques, qui dis-
tingue malheureusement trop une fraction considérable
de la Chambre.

Où chercher la lumière du moment? Où lire l'heure
précise de la conflagration générale? Dans l'étude et le
rapprochement des faits et des dates historiques, et
aussi dans la langue politique de Napoléon III, qui a
l'air d'être impénétrable, et qui est cependant bien
claire.

Dans les discours de l'Empereur, il y a un mot,
un seul mot, mais il faut le découvrir, qui livre le fond
de sa pensée. Il est évident que ce souverain tient la
clef de la situation, et qu'il ne la confiera pas à lord
Clarendon.

L'Empereur date de Paris sa politique officielle. Mais quand il veut faire pressentir au monde des choses graves, il va, pour les annoncer, assez volontiers à la campagne. Il faut bien que la province ait quelques priviléges sur la capitale.

II

Il n'est pas besoin de remonter avant dans l'histoire moderne pour retrouver les causes immédiates qui ont engendré la situation actuelle. Il suffit de se reporter à l'année 1859 et au lendemain de la bataille de Solférino, du moins en ce qui concerne la part directe ou indirecte que la France est appelée à prendre dans les événements.

Les causes premières du malaise de l'Europe sont, il est vrai, plus anciennes; c'est dans les traités de Vienne de 1815 qu'il faut aller les chercher, encore bien qu'il soit de mode dans certaines régions du corps législatif de regarder ces traités comme la seule base du droit public et la garantie fondamentale de l'ordre en Europe.

Comme la guerre actuelle aurait pour but de jeter au

vent les derniers articles de ces traités ; comme personne, du reste, excepté un petit groupe de politiques attardés, prévenus, déroutés, ne défend ces traités-là en ce qu'ils ont d'essentiel et de générique, nous ne pensons donc pas qu'il y ait nécessité ou utilité à démontrer le caractère odieux de l'œuvre du congrès de Vienne, spécialement vis-à-vis de la France. Nous tenons pour évident que tout citoyen français exècre ces traités, et que la haine qu'ils inspirent est fidèlement traduite dans le discours d'Auxerre.

Cette explication étant nécessaire pour caractériser le rôle de la France, nous entrons dans notre sujet.

III

En 1859, avant de partir pour commencer les hostilités contre l'Autriche, l'Empereur lança une proclamation mémorable, dans laquelle il était dit, entre autres choses : *Il faut que l'Italie soit libre des Alpes à l'Adriatique.* La guerre avait donc été entreprise dans ce but. On sait ce qu'il advint, après quelques mois d'une campagne brillante pour nos armes. Il n'est pas hors de propos de rechercher dans les documents officiels de l'époque les motifs déterminants de la conduite de la France.

Les pièces que nous allons faire passer sous les yeux du lecteur fourniront, sans aucun doute, toutes les explications désirables à cet égard.

Un télégramme de l'Empereur à l'Impératrice, daté de
Valeggio, 7 juillet 1859, était ainsi conçu :

« Une suspension d'armes est convenue entre l'Empe-
« reur d'Autriche et moi. Des commissaires vont être
« nommés pour en arrêter la durée et les clauses. »

Si l'on veut bien consulter ses propres souvenirs, on
sera d'accord avec nous qu'une pareille nouvelle, en un
pareil moment, produisit en Europe une sensation immense.

Ce télégramme était accompagné, dans le *Moniteur
universel*, de la note que voici :

« Il ne faudrait pas qu'on se méprît sur la portée de la
« suspension d'armes convenue entre l'Empereur des
« Français et l'Empereur d'Autriche. Il ne s'agit que
« *d'une trêve* entre les armées belligérantes, qui, tout en
« laissant le champ libre aux négociations, ne saurait
« faire prévoir, dès à présent, la fin de la guerre. »

Or, à quelques jours de là, étaient signés et dûment
parafés, à Villafranca, les préliminaires de la paix. Se
disposant à rentrer en France, l'Empereur Napoléon
adressait de Valeggio à la vaillante armée d'Italie une
proclamation dont nous ne citerons que le troisième
paragraphe.

« Vous allez bientôt rentrer en France ; la Patrie re-
« connaissante accueillera avec transport ces soldats qui
« ont porté si haut la gloire de nos armes à Montebello, à
« Palestro, à Turbigo, à Magenta, à Melegnano, à Solfé-

« rino, qui, en deux mois, ont affranchi le Piémont et la
« Lombardie, et qui ne se sont arrêtés que parce que la lutte
« allait prendre des proportions qui n'étaient plus en rapport
« avec les intérêts que la France avait dans cette guerre
« formidable. »

C'était là une explication de la paix. Elle devait être
complétée ensuite et d'une manière plus explicite
encore.

Dès le 18 juillet au matin, l'Empereur était arrivé au
palais de Saint-Cloud. Ce jour même, sur le soir, le vainqueur de Solférino y recevait officiellement les grands
corps de l'État, et, répondant à tous, et au Sénat en particulier, il prononça ce discours que nous allons transcrire
textuellement. Alors, quelques points de ce discours ne
furent pas bien compris. Dans les circonstances actuelles,
ils pourront l'être un peu mieux. En tout cas, ceux qui,
les regards incessamment tournés tantôt du côté de
l'Italie, tantôt du côté de l'Allemagne, cherchent à pé-
nétrer aujourd'hui le secret de la pensée de l'Empereur,
doivent peser chaque mot du discours de Saint-Cloud.

« En me retrouvant au milieu de vous qui, pendant
« mon absence, avez entouré l'Impératrice et mon fils
« de tant de dévouement, j'éprouve le besoin de vous
« remercier d'abord, et ensuite de vous expliquer le mo-
« bile de ma conduite.

« Lorsque, après une heureuse campagne de deux
« mois, les armées française et sarde arrivèrent sous les
« murs de Vérone, la lutte allait inévitablement chan-
« ger de nature, tant sous le rapport militaire que sous

« le rapport politique. J'étais fatalement obligé d'attaquer
« de front un ennemi retranché derrière des forteresses,
« protégé contre toute diversion sur ses flancs par la
« neutralité des territoires qui l'entouraient, et, en com-
« mençant la longue et stérile guerre des siéges, je trou-
« vais en face l'Europe en armes, prête, soit à disputer
« nos succès, soit à aggraver nos revers.

« Néanmoins, la difficulté de l'entreprise n'aurait ni
« ébranlé ma résolution, ni arrêté l'élan de mon armée,
« si les moyens n'eussent pas été hors de proportion
« avec les résultats à attendre. Il fallait se résoudre à
« briser hardiment les entraves opposées par les terri-
« toires neutres, et alors accepter la lutte sur le Rhin
« comme sur l'Adige.

« Il fallait partout franchement se fortifier du concours
« de la révolution. Il fallait répandre encore un sang
« précieux qui n'avait que trop coulé déjà : en un mot,
« pour triompher, il fallait risquer ce qu'il n'est permis à
« un souverain de mettre en jeu que pour l'indépendance
« de son pays.

« Si je me suis arrêté, ce n'est donc pas par lassitude
« ou par épuisement, ni par abandon de la noble cause
« que je voulais servir, mais parce que dans mon cœur
« quelque chose parlait plus haut encore : l'intérêt de la
« France.

« Croyez-vous donc qu'il ne m'en ait pas coûté de met-
« tre un frein à l'ardeur de ces soldats qui, exaltés par la
« victoire, ne demandaient qu'à marcher en avant ?

« Croyez-vous qu'il ne m'en ait pas coûté de retrancher.

« ouvertement devant l'Europe, de mon programme, le
« territoire qui s'étend du Mincio à l'Adriatique ?

« Croyez-vous qu'il ne m'en ait pas coûté de voir dans
« des cœurs honnêtes de nobles illusions se détruire, de
« patriotiques espérances s'évanouir !

« Pour servir l'Indépendance italienne, j'ai fait la
« guerre contre le gré de l'Europe ; dès que les destinées
« de mon pays ont pu être en péril, j'ai fait la paix.

« Est-ce à dire maintenant que nos efforts et nos
« sacrifices aient été en pure perte ? Non. Ainsi que je
« l'ai dit dans les adieux à mes soldats, nous avons droit
« d'être fiers de cette courte campagne.

. . . .

« Ainsi, après avoir donné une nouvelle preuve de la
« puissance militaire de la France, la paix que je viens
« de conclure sera féconde en heureux résultats ; l'avenir
« les révélera chaque jour davantage, pour le bonheur
« de l'Italie, l'influence de la France, le repos de l'Eu-
« rope. »

Sous le coup de l'imprévu de ces événements, la presse
en France se borna à célébrer avec une lourde et impré-
voyante unanimité les bienfaits de la paix. L'accord fut
même touchant. Deux journaux anglais, à l'exclusion
de toutes les autres feuilles publiques d'Europe, appré-
cièrent avec justesse et un très-grand sens politique les
mobiles qui avaient déterminé l'Empereur à s'arrêter
sur la route du triomphe.

Le *Morning-Post* disait :

« Les Français ont été victorieux jusqu'à ce moment. Ils étaient à la veille d'attaquer, probablement d'emporter par un suprême effort les dernières positions de l'Autriche en Italie ; ce but une fois atteint, la France allait se trouver en présence de la confédération germanique. La perspective d'une guerre européenne n'avait rien de rassurant. L'Autriche était dans une position très-critique. La guerre était imminente en Hongrie ; les autres provinces étaient mécontentes, mais le but de la France n'était pas de détruire l'Autriche, ce qui eut été à la fois dangereux et sans profit. »

A quelques jours d'intervalle, le même journal ministériel, faisant un retour sur les motifs qui avaient pu décider le vainqueur de Solférino à s'arrêter à mi-chemin de son projet, hautement avoué, d'affranchir l'Italie de la domination étrangère, disait :

« En offrant la paix, Napoléon abrège non-seulement une guerre qui aurait coûté beaucoup de sang, mais il protège l'Europe contre des complications ultérieures. Plus les armées alliées s'approchaient de la frontière allemande, plus elles auraient paru menacer la confédération germanique. La concentration d'une armée prussienne sur la ligne du Rhin, et l'approche de l'armée française vers la frontière autrichienne, auraient singulièrement multiplié les chances d'hostilité. Bien qu'il ne soit pas homme à reculer devant cette éventualité, l'Empereur est trop sage pour ne pas la conjurer, et voyant l'occasion favorable de mettre un terme au fléau de la guerre, il l'a saisie avec empressement. »

Le *Times* exprimait les mêmes choses en d'autres termes, mais il ajoutait un trait de plus qui mérite d'être conservé.

« Les événements de cette guerre ont beaucoup fait pour révéler le caractère de l'homme qui a clos si rapidement cette campagne. *Il ne s'écarte jamais de son but;* il se contente de marcher à pas comptés et sûrs vers l'objet qu'il s'est proposé. »

Cependant, cette politique fut interprétée, même par de bons esprits, comme un abandon de la cause italienne. Les événements qui se sont succédé depuis 1859 ont clairement démontré le contraire.

L'Italie s'est organisée autant qu'elle l'a pu. Elle a englobé dans son unité Parme, Modène, la Toscane, le royaume de Naples tout entier, les Marches mêmes, qui appartenaient à la Papauté, et nous n'avons pas songé à l'arrêter dans son travail d'absorption. Nous nous sommes contentés de lui donner des réprimandes publiques sur sa manière d'exécuter son programme, et voilà tout.

Dans l'espace de trois ans, l'Italie s'est rendue maîtresse de ses destinées. Elle est à la veille de revendiquer la Vénétie les armes à la main, et elle l'aura. Dieu bénit les peuples qui veulent être libres!

Rome seule, centre de la catholicité, aura longtemps échappé à son action; mais il viendra un moment où Rome appartiendra à l'Italie. Dépouillée du pouvoir temporel, la papauté ne sera plus que le premier des évêchés de l'univers. Or, ce pouvoir est destiné fatalement à périr, placé qu'il est au milieu de tous les élé-

ments révolutionnaires de l'Europe, comme est un roc
au milieu de l'Océan, qui le ronge et finira par le sub-
merger.

Le territoire qu'elle acquerra avec le plus de difficultés,
c'est celui de la Vénétie. Il lui aurait fallu longtemps
avant de songer à s'en emparer par la force. L'Autriche
a des armées vaillantes. Mais tout à coup les questions
allemandes ont pris une telle tournure, qu'il semble
qu'elles ne peuvent être réglées que par la guerre. Tant
il est vrai que la solution de la question vénitienne n'était
pas en Italie, mais en Allemagne. L'Empereur à eu raison de s'arrêter à Solférino !

IV

On se figure assez généralement dans le monde de la
Bourse, et même au Corps législatif, que le roi de Prusse
est le très-humble et très-obéissant serviteur de son ministre M. de Bismarck. Quelques gros augures de la politique et de la finance vont même jusqu'à ne voir dans
S. M. Guillaume Ier qu'un sergent couronné. On veut que
toute la politique prussienne s'incarne dans M. de Bismarck, et on lui en attribue l'initiative, tous les honneurs et tous les désagréments.

Il n'y a rien de plus faux et de plus contraire à la vérité historique des derniers temps. M. de Bismarck n'est
que l'instrument de la politique personnelle du roi de
Prusse, et cette politique ne date pas de l'entrée de

M. de Bismarck dans les conseils du roi. Sans doute, c'est un instrument intelligent, d'une remarquable précision, d'une portée considérable, mais c'est le roi de Prusse qui s'en sert, sans avoir l'air d'y toucher, pour l'accomplissement de son programme politique, formellement arrêté avant son arrivée au trône, et par conséquent bien antérieur à la révélation du rôle révolutionnaire de M. de Bismarck.

Quand Frédéric-Guillaume n'était encore que prince royal, il affichait hautement ses intentions de réformateur de la carte allemande, et tous les moyens lui semblaient bons pour faire échec à la politique inerte de son royal frère. Pour ne citer que quelques actes de ce prince, agité pendant toute sa vie par des idées de protestantisme politique contre l'Autriche et contre les burgraves de la diète germanique, nous rappellerons sa rupture avec Frédéric-Guillaume IV, à propos de la Franc-Maçonnerie qu'il soutenait, sa longue retraite en Angleterre à la suite de cette brouille, son silence significatif pendant les ministères conservateurs, son exil volontaire à Coblentz après la chute du ministère démocratique d'Auerswald, son acceptation du protectorat, en qualité de prince royal, de l'association dite de Gustave-Adolphe, fondée à Leipzig et dirigée contre la maison d'Autriche.

L'archevêque de Cologne disait de lui : Après la mort du roi régnant, le prince régent, devenu roi de Prusse, fera peu à peu en Allemagne ce que le roi de Sardaigne a fait en Italie.

Quelque temps après ces mémorables paroles, la feuille ministérielle de Berlin, disait : La politique de la Prusse est une politique d'annexion.

V

Frédéric-Guillaume IV, roi de Prusse, meurt au château de Sans-Souci le 2 janvier 1861. Son frère, qui avait déjà été investi des fonctions de régent depuis 1859, lui succède au trône, d'abord sous le nom de Frédéric-Guillaume V, et, après le couronnement, sous celui de Guillaume Ier.

Né le 22 mai 1797, le nouveau roi était donc sexagénaire. Il arrivait au pouvoir avec une politique qui était le résultat des méditations de toute sa vie.

Les premières paroles qu'il eut occasion de prononcer donnèrent clairement à entendre quelle serait sa conduite.

Répondant à une députation du corps municipal de Berlin, qui venait lui remettre une adresse de condoléance, le roi disait, le 4 janvier :

« J'accepte l'assurance que vous me donnez de vos sentiments de fidélité. Il pourra venir un temps où je vous les rappellerai : c'est alors que je compterai sur le dévouement du peuple, qui déjà nous a relevé de situations difficiles. Bien des choses sont changées dans le courant des dernières années, et il se peut que tout n'ait pas été toujours bien fait. On ne voudra pas me faire dévier des principes que j'ai toujours professés, et je vous donne l'assurance qu'avec un amour dévoué pour mon peuple, je persisterai dans mes principes. »

A quelques jours de là, le 7 janvier, dans une proclamation :

« Mes devoirs vis-à-vis de la Prusse sont identiques avec mes devoirs vis-à-vis de l'Allemagne. Comme prince allemand *j'ai l'obligation de fortifier la Prusse dans la position qu'elle doit prendre pour le salut de tous*, parmi les Etats allemands, en raison de sa glorieuse histoire et de son organisation militaire développée.

« La confiance dans le repos de l'Europe est ébranlée. Je m'efforcerai de conserver les bénédictions de la paix. *Néanmoins il pourrait surgir des dangers pour la Prusse et l'Allemagne*. Puissé-je réussir à conduire la Prusse à de nouveaux honneurs ! Puisse alors ce courage plein de confiance en Dieu, qui a animé la Prusse dans les grandes époques de son histoire, se ranimer en moi et mon peuple, et ce peuple me suivre avec fidélité, obéissance et persévérance dans mes voies ! Puisse la bénédiction divine favoriser les tâches que la providence m'a imposées. »

Et le 14 janvier, en ouvrant les chambres prussiennes, le roi, entre autres choses, disait :

« Le roi Guillaume IV nous a quittés dans des temps graves. Il m'est échu une mission difficile. J'espère l'accomplir heureusement. Vous m'assisterez dans cette œuvre. La patrie a besoin de conseils éclairés et d'un dévouement plein d'abnégation. »

Ainsi la politique du roi de Prusse, qu'on devait appeler plus tard et bien à tort la politique du comte de

Bismarck, avait été clairement indiquée et affirmée dès le commencement de son règne. Il s'agissait de donner à la Prusse une configuration territoriale et une situation en Allemagne que les traités de 1815 lui avaient déniées, dans le but de mettre aux mains de l'Autriche les destinées des Etats germaniques. C'est, en définitive. une injustice commise à son égard dont elle demande le redressement. Ce sont les traités de 1815 qu'elle veut déchirer en ce qui la concerne. La France, quand bien même tous les actes accomplis par la Prusse à l'intérieur pour atteindre son but privé ne lui seraient pas agréables, la France doit, selon nous, la laisser travailler à l'abolition, au-delà du Rhin, des traités de 1815.

Mais nous marchons trop vite, et nous oublions que nous sommes encore en 1861 au lieu de 1866.

Au printemps de 1861, l'Empereur Napoléon, seul, sans escorte, avec deux aides de camp, alla faire une promenade sur le territoire allemand.

Il s'arrêta à Bade. Le lendemain de son arrivée, le grand-duc donnait, en l'honneur de son hôte illustre, un dîner auquel il conviait son beau-père, le roi de Prusse, et aussi la grande majorité des souverains composant la confédération germanique. L'Empereur d'Autriche, c'est déjà un symptôme, n'y assistait pas. Il y avait ses mandataires.

Au dîner, l'Empereur et le roi Guillaume furent placés à table l'un vis à vis de l'autre. Il n'y avait guère moyen de causer à l'abri de l'Argus germanique.

Le repas fini, l'Empereur se leva et manifesta au roi de Prusse l'intention de faire autour de la salle du festin une promenade de digestion.

L'Argus germanique veillait. Le roi de Prusse ne se leva pas seul ; il resta constamment flanqué d'un ou plusieurs de ses confédérés, ce qui faisait dire le lendemain dans les salons de Bade que le roi Guillaume était décidément placé sous la surveillance de la haute police de la confédération.

Quoi qu'il en soit, l'Empereur remercia le grand-duc de son hospitalité, serra la main du roi de Prusse avec des marques non équivoques de déférence, et sortit. Apercevant un bazar de jouets de Nuremberg, on raconte qu'il en acheta pour une valeur d'environ 2,000 francs. Le tout fut immédiatement expédié à son fils.

Depuis ce moment, la haine de la confédération s'amassa sur la tête du roi Guillaume.

Le 14 juillet suivant, à 9 heures du matin, un étudiant nommé Oscar Becker, tirait sur le roi de Prusse, dans l'allée de Lichtenthal, à Bade, un coup de pistolet. Le roi fut blessé, mais peu grièvement.

Le 6 octobre de la même année, le roi Guillaume passait le Rhin et venait faire une visite à l'Empereur Napoléon. L'entrevue eut lieu à Compiègne, où Sa Majesté prussienne séjourna pendant huit jours. Elle était accompagnée du comte de Pourtalès, son ministre plénipotentiaire à Paris, du général de Bonin, des aides de camp généraux d'Alvensleben et Manteuffel, et de plusieurs autres officiers de sa maison militaire.

Après une courte excursion au camp de Châlons, le roi de Prusse prit congé de l'Empereur Napoléon et rentra en Allemagne.

Ce voyage, accompli après le dîner de Bade, fit naître une foule de suppositions au-delà du Rhin. Les uns l'interprétèrent dans un sens favorable à la paix, — à la paix du moment. Les autres pressentirent que ce voyage de Compiègne pourrait avoir, à un moment donné, une portée plus haute. Pour ceux-là, il signifiait entente entre la France et la Prusse pour le règlement des questions allemandes pendantes, et accord dans tout ce qui pouvait surgir ayant trait au développement, à l'unification de la patrie allemande.

Les événements qui s'accomplissent ont suffisamment démontré la solidité et la portée de cette entente.

A peine avait-il posé le pied dans ses Etats, que le roi Guillaume fit annoncer *urbi et orbi* la grande nouvelle de son couronnement, qui eut lieu à Kœnigsberg, le 18 octobre, avec une pompe inusitée.

L'Empereur des Français envoya une ambassade extraordinaire pour assister à cette solennité. Le maréchal de Mac-Mahon, duc de Magenta, reçut cette mission, et il partit pour Berlin avec un brillant état-major d'officiers.

Le roi de Prusse fit une réception des plus flatteuses au maréchal duc de Magenta, à qui il conféra la grand-croix de l'ordre de l'Aigle-Noir. Revêtu du manteau de l'ordre en velours écarlate, le maréchal Mac-Mahon assista à la cérémonie de Kœnigsberg. Le roi portait le même manteau, jusqu'au moment du sacre, où il fut remplacé par le manteau royal.

Frédéric-Guillaume V changea son nom contre celui de Guillaume Ier. Il ne voulut même pas prendre le numéro d'ordre que lui laissait son frère. Frédéric a eu toute une suite de successeurs qui ont porté son nom. Les Guillaume auront aussi leur dynastie en Prusse.

Le lendemain du jour du sacre, il y eut un grand bal à l'ambassade extraordinaire de France. Le roi et la reine y assistaient.

A minuit et demi le télégramme suivant était adressé à l'Empereur des Français :

« Je remercie Vos Majestés de la fête magnifique que « l'ambassade nous donne en ce moment. »

Nous voilà déjà bien loin de la situation qui fut faite à la France à la suite de la bataille de Solférino.

La Prusse, qui se dressait alors menaçante sur le Rhin. était déjà, au mois d'octobre 1861, notre quasi alliée.

Dans son discours d'ouverture des chambres, le 14 janvier 1862, le roi de Prusse faisait cette déclaration :

« Mon entrevue avec l'Empereur des Français n'a pu que contribuer à améliorer encore les relations amicales qui existaient déjà entre les deux états. »

L'année 1862 se passa, en Prusse, sans autre incident notable que la nomination de M. Othon de Bismarck-Schœnhausen au poste de président du conseil des ministres, chargé du ministère d'Etat et des affaires étrangères. (Nomination provisoire le 23 septembre, définitive le 9 octobre 1862.`

VI

Les parlements de France et d'Angleterre ont retenti,
dans ces derniers temps, de déclamations aussi vides
que passionnées contre ce qu'il est convenu d'appeler,
en langage doctrinaire, la politique d'aventures de
M. de Bismarck. Nous n'avons pas la prétention de con-
vertir les adversaires systématiques et éloquents du
ministre prussien, et encore moins de célébrer la raison
pure de sa conduite parlementaire et diplomatique depuis 1847. Nous n'avons pas à entreprendre ici l'apo-
logie de la logique invariable et de la ligne droite en
politique. Cela nous conduirait trop loin, et nous ne
voudrions pas faire tort au rôle de défenseur de la morale et de la religion des principes, qui convient si
parfaitement à M. Emile Ollivier. Tout ce qu'il nous
importe de rechercher à l'heure présente, c'est le point
de départ et la Genèse de la politique essentiellement
prussienne de M. de Bismarck ; c'est la fixité et l'inalté-
rabilité de son idée, sous l'apparente instabilité d'opinions de l'ambassadeur, de l'orateur et du ministre. Si
ceux qui font solennellement profession d'augures et
d'experts en matière de diplomatie et d'histoire avaient
voulu prendre la peine de remonter ou de descendre
aux origines de M de Bismarck, et de suivre les progrès
du personnage, ils se seraient évité le ridicule de traiter
d'aventureuse ou d'aventurière la politique d'un homme

qui est arrivé à ses fins, soutenu depuis longues années, autant par l'indomptable logique de ses convictions que par ses affinités naturelles et par ses traités secrets avec de hautes et souveraines volontés.

M. de Bismarck sera le ministre proverbial de la monarchie absolue en Prusse, sous la royauté constitutionnelle de Guillaume Ier. Il n'a à souffrir d'aucune comparaison intellectuelle et morale avec M. de Cavour. Il est dans son genre ce que M. de Cavour était dans le sien, un révolutionnaire de haute école. Il ne lui cède en rien, comme diplomate, comme orateur et homme de cabinet. Ce sont deux patriotes de la même origine, ne voyant et ne poursuivant que la souveraineté du but. Mais de chaque côté le but est grandiose. et cette grandeur-là tient souvent lieu de légitimité.

M. de Bismarck a toujours eu trois haines permanentes dans sa vie : celle de l'Autriche, celle de l'unitarisme germanique légiférant à Francfort, et celle du gouvernement des foules ou des parlements.

Dès l'année 1847, M. de Bismarck donne déjà des signes violents de son opposition aux idées libérales. Il combat l'émancipation politique des juifs, sans doute avec la prescience douloureuse de leur prochaine invasion dans la presse européenne et dans toutes les charges publiques. Dès 1849 il fournit la mesure de sa conduite ministérielle en 1865 et 1866. Il repousse radicalement la constitution votée par le parlement de Francfort, c'est-à-dire la souveraineté du peuple, le suffrage universel et direct. et les budgets octroyés par le caprice des scrutins parlementaires.

Ses ennemis espéraient, il est vrai, le surprendre en flagrant délit d'illogisme, de palinodie ou de saut de carpe politique, dans les affaires du Danemarck et des duchés. Sur ce terrain, ses actes ont toujours été d'accord avec ses principes. M. de Bismarck a blâmé et flétri, en 1849, l'entrée des troupes prussiennes dans le Schleswig, révolté contre son prince *légitime*, le roi de Danemarck, en autoritaire fidèle à son idée monarchique et en adversaire irréconciliable des tendances unitaires du libéralisme allemand. Pas d'immixtion de la confédération dans tout ce qui peut toucher à l'indépendance et à l'avenir des intérêts prussiens, telle a toujours été sa raison de parler et d'agir.

Ministre de Prusse, en 1851, à la diète de Francfort, il s'y signale contre l'Autriche et le duc d'Augustenbourg, en faveur du Danemarck, et ne dédaigne pas de collaborer, dans le *Charivari* de Berlin, contre les Hapsbourg.

Ce sont là les petits débuts de M. de Bismarck. Le théâtre s'agrandit bientôt devant son audace et son idée fixe. Son émancipation politique devient complète. L'ambassade de Russie, en 1859, le met en position de proclamer plus nettement son programme : reconstitution de l'Allemagne et de l'Italie, triple alliance de la Prusse, de la France et de la Russie. Rien de l'Angleterre!

Dans l'état des choses, la ligne la plus directe pour arriver à l'ambassade de Paris étant celle de Saint-Pétersbourg, M. de Bismarck se montre officiellement en France en 1862. Son séjour n'y fut pas de longue durée :

le temps d'y parfaire son programme, et M. de Bismarck regagne triomphalement la Prusse, où le roi a grand besoin d'un ministre élevé depuis longtemps dans le profond dédain du parlementarisme. Les événements ne tardèrent pas à mettre en lumière les fruits du séjour diplomatique de M. de Bismarck en France.

VII

Le 29 juillet 1862, la chambre prussienne approuve. à l'unanimité moins douze voix, le traité de commerce conclu avec la France.

Accueilli dans toute la Prusse avec des marques d'une vive satisfaction, ce traité surprit au dernier point le gouvernement autrichien, qui posa immédiatement à la Prusse la question de savoir quand et en quel moment l'Autriche serait admise à faire partie du Zollverein; M. le comte de Bernstorff, président du conseil et ministre des affaires étrangères de Prusse, répondit que son gouvernement avait contracté avec la France des engagements auxquels elle ne pouvait se soustraire.

L'Autriche, dès lors, se tourna d'un autre côté ; elle se concerta avec ses amis confédérés pour se faire admettre dans l'union douanière allemande. Pour cela, le consentement de la Prusse était nécessaire ; il lui fut refusé, et M. de Bismarck n'était pas encore premier ministre !

Malheureuse sur le terrain des affaires, l'Autriche réveilla alors une question politique qui avait déjà été posée par la Saxe, et à laquelle la Prusse avait déjà répondu négativement.

Toujours de concert avec ses alliés confédérés, elle fait à la diète germanique une proposition tendante à aviser au moyen d'introduire. dans la question fédérale. l'élément représentatif. et de préparer la création d'un tribunal fédéral.

Appelée à se prononcer. la Prusse oppose son veto.

M. de Bismarck avait été nommé premier ministre, à titre provisoire. le 23 septembre 1862, et définitivement le 9 octobre suivant, chargé en même temps du portefeuille des affaires étrangères.

C'est donc à partir de ce moment-là qu'il intervient dans les affaires allemandes à un titre officiel. et nous prions le lecteur de fixer son attention sur cette date.

M. de Bismarck va imprimer aux événements une vitesse accélérée, mais, soyez-en certain, le giron de la politique prussienne ne variera pas. Le régulateur reste : c'est Guillaume Ier.

Dès le commencement de l'année 1863. il se montre au pays et aux chambres dans toute la nudité de son tempérament politique.

Pris d'une indisposition subite. le roi ne put faire en personne l'ouverture des chambres. C'est M. de Bismarck qui fut chargé de lire le discours royal dans lequel il était question, comme précédemment. de deux

affaires graves, antipathiques aux idées des députés :
la réforme fédérale et la réorganisation de l'armée.

La chambre répliqua à ce discours par une adresse
dont les tendances et l'esprit étaient en opposition ma-
nifeste avec le gouvernement. Le roi refusa péremptoi-
rement de recevoir la députation désignée pour lui
remettre cette adresse, qui dut lui être envoyée, dès
lors, sous pli cacheté.

A la suite de cet incident, M. de Bismarck, en sa
qualité de chef du cabinet, eut à soutenir des discussions
fort vives et souvent pénibles au sein du parlement. Il
remplit ce mandat avec une élévation de pensée et une
fermeté de langage peu propres sans doute à réconci-
lier avec son système les tendances anti-nationales des
députés, mais qui présageaient de sa part une politique
inflexible dans la poursuite d'un but dont il apercevait
la grandeur.

A différentes reprises il déclara qu'il n'appartenait
pas au parlement de séparer le roi de son cabinet;
que les ministres étaient les exécuteurs des ordres du
roi, et non pas un écho du parlement. Dans d'autres
pays, notamment en Angleterre, disait-il, les ministres
relèvent des parlements, mais en Prusse ils ne tiennent
leurs pouvoirs que du roi seul. En un mot, le roi et
son cabinet constituent le gouvernement, et il n'est
permis à personne de critiquer l'un sans critiquer
l'autre.

Cette doctrine était celle de l'absolutisme, nous n'en
disconvenons pas. Mais une politique libérale, une
politique parlementaire était-elle possible dans la

situation où se trouvait la Prusse vis-à-vis de l'Allemagne, et en présence d'une chambre systématiquement fermée au grand mouvement d'idées qui s'accusait dans toute l'Europe? Non, une semblable politique eût été une faute de la part du gouvernement ; elle eût conduit la Prusse à une abdication au profit de l'Autriche, sa rivale.

M. de Bismarck ne voulut pas de ce rôle pour son pays, et il fit bien. L'avenir lui donnera entièrement raison.

En novembre 1863, l'Empereur des Français propose solennellement un congrès de souverains, afin d'y régler définitivement l'état précaire de l'Europe. On sait la réponse punique du gouvernement anglais. M. de Bismarck accepte la proposition napoléonienne, parce qu'il voit dans l'acquiescement de la Prusse une nouvelle occasion de ruiner l'entente de la France avec l'Angleterre et l'Autriche.

Il serait superflu de signaler davantage les itinéraires de l'idée de M. de Bismarck. Sa politique anti-fédérale et anti autrichienne éclate à chaque pas de ses avancements d'ambassadeur et de ministre. Il s'en fait gloire. Le diplomate s'efface devant le nationaliste prussien. Le fédéraliste allemand s'anéantit dans le confident de Biarritz et de Sans-Souci. Pour lui, il n'y a et il ne doit y avoir qu'une puissance en Allemagne, la Prusse ; qu'un peuple essentiellement germanique, la Prusse ; qu'une politique allemande, la politique prussienne. Nous n'entendons pas préconiser l'excellence absolue de ce raisonnement, et la pureté de cet idéal. Mais il nous semble que M. de

Bismarck a quelques droits à l'admiration sympathique des Chauvins d'outre-Rhin et des nombreux adorateurs de la force, dernier symbole de la justice dans la vie des peuples et des gouvernements.

Un homme d'Etat qui a toujours fait bon marché des priviléges des assemblées parlementaires; qui s'est mis au-dessus de toutes les représentations nationales de son pays; qui a nié l'infaillibilité de la politique exercée par des chambres électives; qui a su, fort heureusement pour la Prusse, se passer de ses députés pour la réorganisation de l'armée; qui est venu dire en plein parlement : ce n'est pas par les discours parlementaires et les votes des majorités, mais par le fer et le feu que se résoudront les grandes questions du temps; un homme d'Etat dont la politique internationale a toujours reposé sur le concours essentiel de la France, et qui dédaigne profondément le vieux fantôme de l'intervention anglaise, n'est pas un ministre sans vocation, par le temps qui court, et aux divers titres que nous venons d'énumérer, il doit avoir quelques attaches morales avec les hommes qui rêvent l'abaissement de l'Angleterre, l'extension des frontières territoriales et l'absorption des paroliers du système représentatif.

En tous cas, s'il y a en Prusse un gouvernement mauvais, il ne nous appartient pas de le modifier, encore moins de le changer. C'est l'affaire des Allemands; c'est tant pis pour eux. Toutefois, on ne saurait nier que ce gouvernement poursuit un grand but, un but national. Aveugles sont ceux qui ne le voient pas.

VIII

Cette politique de la Prusse, que la France n'a pas créée, mais qui est un témoignage de l'ascendant exercé par sa propre politique, nous allons l'examiner avec tout le soin dont nous sommes capables.

Les traités de 1815, c'est généralement admis, ont fait à la Prusse une position géographique analogue à celle de l'Italie, avant 1859. Il est facile de s'en convaincre en jetant un coup d'œil sur une carte. Nous défions l'adversaire le plus féroce de M. de Bismarck, et ce ministre en a de bien incroyables, de nous prouver que la Prusse n'ait pas été trahie et sacrifiée à l'Autriche par les diplomates du congrès de Vienne.

Voyez plutôt sa configuration bizarre.

Le territoire de la Prusse a la figure d'un long serpent coupé en un grand nombre de tronçons. Ces tronçons se rattachent, il est vrai, entre eux, parce qu'on appelle des points, des routes militaires, mais ces points et ces routes sont situés sur le territoire de voisins jaloux et qui, de tous temps, ont reçu le mot d'ordre de Vienne. Elle n'a de frontières sur aucun de ses côtés. C'est donc un pays ouvert à toutes les invasions. Avec un territoire de 5,122 milles carrés géographiques et une population de 19,304,843 habitants (desquels il faut défalquer 2,504,179 sujets non allemands, Polonais, Slaves, etc.), elle est sans cohésion, sans physionomie, incomplète, mal conformée, et en un mot, sans une force correspondante au chiffre de sa population et à la superficie de son territoire. L'Autriche, elle, fut bien mieux dotée par les diplomates de Vienne , qui placèrent dans ses mains les destinées de la patrie allemande, sait-on quel est le chiffre de sa population allemande? 7,889,925 individus sur une population totale de 37,000,000 de sujets autrichiens (Slaves du nord, Slaves du sud, Roumains de l'ouest et de l'est, Magyares, Italiens, etc.).

Il y a plus. Les auteurs des traités de 1815 ont inventé des merveilles de précaution contre la Prusse. Ils créèrent autour d'elles et, pour ainsi dire, dans son sein une foule d'Etats indépendants, souverains, qui gênent ses mouvements, arrêtent son expansion, la surveillent dans l'intérêt de sa rivale, et, le cas échéant, l'attaqueront, si l'Autriche donne le signal.

On le voit, la Prusse se trouve actuellement dans une position identiquement la même que celle de l'Italie avant la guerre de 1859.

Il ne faut pas s'étonner dès lors que la Prusse, à l'exemple de l'Italie et de concert avec elle, ne travaille à rassembler les membres épars de la Patrie allemande, et que, par un suprême effort, elle n'arrive à briser ces traités de 1815 qui l'atrophient et qui l'étouffent?

Depuis 50 ans, la politique prussienne, patiente, discrète, secrète, a constamment agi en vue de ce but. Elle y touche aujourd'hui avec toutes les chances de succès désirables. Avec des ouvriers tels que Guillaume Ier et le

comte de Bismarck-Schœnhausen, cette grande œuvre de
la réforme allemande s'accomplira.

Il s'est rencontré chez nous certains politiques qui ont
proclamé comme une nécessité d'Etat pour la France de
s'opposer, fût-ce les armes à la main, au plan de réforme
allemande dont la Prusse poursuit la réalisation. C'était
vouloir beaucoup. Hé bien! dans ces derniers temps, ces
mêmes politiques, dans un intérêt de paix à tout prix,
sont allés jusqu'à proposer une alliance avec l'Autriche
contre la Prusse, c'est-à-dire, une monstruosité et une
condamnation de notre politique depuis dix ans ! C'était
à tel point extravagant qu'on en a souri.

Comment ! on aurait voulu que la France fît un crime
à la Prusse de ses audaces récentes ; on aurait voulu
qu'elle se jetât en travers de ses projets et qu'elle la
bâillonnât, devant l'Europe stupéfaite, avec les textes de
ces exécrables traités de 1815 que nous avons déchirés
dans l'intérêt de l'Italie, et qui, encore aujourd'hui, dé-
forment et ridiculisent en quelque sorte nos frontières
du côté du Rhin ! C'était impossible , car c'eût été
absurde ; s'il faut du bon sens et de la logique un peu
en tout; pour faire de la politique. il faut avoir du bon
sens et de la logique à fortes doses.

On aurait voulu, enfin, que la France contractât un
compromis, sinon une alliance avec l'Autriche, puissance
formée d'une multitude de nationalités, victimes de traités conclus, dans des temps de revers, et qui dépouillaient
ceux-ci pour vêtir ceux-là. sans autre logique que la
force, sans autre intérêt supérieur que le bon vouloir
des souverains et quelquefois des diplomates rassemblés,

on ne sait comment ni pourquoi, autour d'un tapis vert,
à Vienne ou ailleurs? L'Autriche, ce n'est pas à la
France, ni à la Prusse qu'il faut l'apprendre, l'Autriche,
n'est qu'un composé de fractions des races slaves. Son
dernier moment de souveraineté a sonné en Italie et en
Allemagne; qu'elle redevienne une puissance slave, une
puissance de vingt millions d'âmes. Lui chercher un autre
rôle et d'autres territoires en Europe est une chimère.

La guerre, au surplus, décidera; mais nous espérons
bien qu'elle donnera raison au droit des peuples.

Debout! Polonais et Hongrois d'Autriche, debout!

IX

Jusqu'à ce jour, nous avons observé vis-à-vis de la
Prusse, au milieu de ces démêlés, une neutralité loyale.
Nous n'avions pas à agir autrement.

On va, il est vrai, répétant que la France a commis
une ingratitude et une faute en laissant consommer
l'incorporation des duchés de l'Elbe à l'Allemagne,
lesquels, a-t-on dit, appartenaient au Danemarck, un
de nos plus anciens et fidèles alliés. Nous aurions ainsi
forfait aux devoirs de l'amitié et de la reconnaissance.

C'est vrai, pour deux raisons. nous n'avons pas cru
devoir gêner l'extension de la Prusse du côté du nord.
La première raison, et c'est la principale, c'est que la
population de ces duchés est en très-grande majorité
allemande : le chiffre de la population danoise y est, au

contraire, insignifiant (1). Nos principes à cet égard
n ont pu s'allier avec les sentiments du cœur.

La seconde raison, c'est que les duchés de l'Elbe
avaient été donnés au Danemarck uniquement pour l'in-
demniser de la perte de la Norwége, que lui avaient
enlevée les traités de 1815. Il est donc vrai que, pour
des convenances personnelles, on avait commis l'erreur
de rattacher au Danemarck ces duchés, qu'il a eu le
tort de défendre avec tant d'entêtement, et contraire-
ment à la logique du droit nouveau. Qu'il se console
pourtant; la logique du droit qui lui a ravi les duchés
exige qu'on lui restitue un jour la Norwége, et peut-être
même une partie de la Finlande russe. Cette cession de
territoire se réalisant, on comprendra peut-être alors
notre conduite, et on nous relèvera de ce crime immé-
rité d'ingratitude qu'on nous a jeté à la face.

On accuse, il est vrai, la Prusse de s'être conduite
avec duplicité dans cette affaire; elle aurait trompé
l'Autriche et la Confédération germanique sur ses intentions futures.

Si la conduite de la Prusse a été telle, c'est tant pis
pour son gouvernement, mais nous n'avons ni à le jus-
tifier ni à le blâmer.

(1. D'après le recensement de 1864, le Sleswig comptait 406,486 habitants,
et le Holstein, 554,510. Dans le Holstein. il n'a jamais été élevé de doute à
cet égard : la grande majorité de la population est allemande. Quant au
Sleswig, si l'on prend pour base la situation en 1850, c'est-à-dire avant la pu-
blication des édits en langue danoise, on obtient le résultat suivant : la
langue allemande était employée, dans les églises et dans les écoles. par
258,059 habitants répartis dans 154 paroisses; la langue danoise était en usage
dans les églises et les écoles, de 15,184 habitants, formant 120 paroisses. La

Depuis quand, d'ailleurs, a-t-on eu le choix des moyens en politique? Il suffit, pour légitimer tout, que le but à atteindre soit patriotique et rigoureusement conforme au droit des peuples. Il s'est rencontré dans cette affaire des duchés que les intérêts allemands de la Prusse s'accordaient avec le droit des populations. La France n'avait pas de veto à mettre en avant.

On se pose un peu partout, à tort et à travers, la question de savoir si et dans quelles limites la France aura à intervenir dans la querelle allemande.

Tant que la Prusse tendra à s'agrandir dans le rayon allemand, il nous parait évident que la France n'aura pas à la contrarier dans son action, mais plutôt à l'y encourager, si c'était chose nécessaire. Elle aura notre blanc seing pour ce qu'elle accomplira dans cet ordre de faits. Il lui est acquis en tant qu'elle reconnaît que nous aurons à faire valoir un jour les droits des populations qui vivent sur la rive droite du Rhin, et qui nous furent jadis arrachées violemment.

Il nous semble, cependant, qu'il pourrait surgir une situation qui serait de nature à tirer la France de la neutralité qu'elle a proclamée comme devant être la règle de sa politique dans les questions allemandes. Cette situation apparaîtrait le jour où, les Etats secondaires de l'Allemagne prêtant à l'Autriche le concours puissant de leurs contingents et de leur argent, formeraient ainsi

population des villes d'Hadersleben, d'Apenrade, de Christiansfeld, appartient presque tout entière à la nationalité allemande. Les duchés étant allemands devaient faire retour à l'Allemagne. En tout cas, ils n'auraient jamais dû appartenir au Danemarck.

une ligue formidable contre la Prusse. Ses intérêts, ce nous semble, commanderaient alors à la France de briser cette coalition, qui aurait pour but de mettre dans les mains de l'Autriche toutes les forces de l'Allemagne, et à en faire un colosse bien autrement puissant et redoutable que la Russie, qui, elle, est loin de nos frontières, tandis que l'Autriche aboutirait au Rhin.

Il n'y a pas de milieu aujourd'hui. A la Prusse ou à l'Autriche doit appartenir la domination en Allemagne.

Laisser prendre cette prépondérance à l'Autriche serait une faute politique irrémédiable. Elle doit être réduite au rôle de puissance slave, sans les annexes de la Pologne et de la Hongrie.

A la fin de cette guerre, l'orgueilleuse Autriche en sera là, c'est chez nous une conviction.

Le jour donc où l'Autriche aura fait décréter l'exécution fédérale contre la Prusse, ce jour-là, et pas plus tard, un corps d'armée de cent mille hommes devra être placé sans délai en expectative sur notre frontière des Alpes.

Ce sera le commencement d'une grande lutte, mais d'une lutte qui sera décisive et dont l'issue sera tout à l'avantage du droit nouveau des peuples.

X

En Italie, l'état actuel des choses est celui-ci, et la diplomatie est impuissante à y apporter le moindre changement.

L'Italie, debout, ayant quatre cent mille homme en ligne de bataille, une flotte imposante divisée en trois escadres de guerre, l'Italie réclame la Vénétie et son unité. Elle invoque le droit imprescriptible des peuples de s'appartenir et de disposer de leur sort comme bon leur semble.

L'Autriche, appuyée sur son quadrilatère, ne prête pas une oreille complaisante à cette logique. Etalant les textes précis et clairs de traités solennels, depuis celui de Campo-Formio jusqu'à celui de Villafranca, traités qui ont rivé à elle les peuples répandus sur les territoires s'étendant du Mincio à Venise, l'Autriche affirme qu'il n'y a pas de droit contre ce droit.

Il n'y a pas, en effet, de droit contre le droit, mais il y a la raison d'un droit qu'on peut faire valoir, en attendant que ce droit s'affirme.

La guerre, une vraie guerre sainte, car l'Autriche ne peut violer plus longtemps le sol vénitien, déblaiera l'Italie des sbires et des mauvaises raisons de sa rivale. La France, quand bien mêmes les idées et les

hommes qui entraînent l'Italie contre l'Autriche gêne-
raient par leur pétulance et leur emphase sa politique
calme et réfléchie, ne pourrait pas dire au gouvernement
italien qu'il a tort de s'insurger contre le droit ancien et
d'affirmer le droit nouveau à coups de canon. Elle
ne le ferait pas, d'ailleurs, sans ruiner la base de sa
propre souveraineté, sans être inconséquente avec la
conduite de son gouvernement à l'extérieur, conduite
partout la même, partout avouée, inébranlable. Mais
notre intervention armée ne sera pas nécessaire, nous
l'espérons, pour la délivrance complète de la terre italienne. Nous avons déjà démontré que, depuis 1859, la
situation de la Péninsule avait grandement changé au
point de vue de ses forces. La position de l'Autriche est
modifiée dans un sens opposé. L'Autriche n'a pas que
l'Italie attachée à ses flancs. Elle a la Prusse en armes,
qui lui reprendra la grande place qu'elle a usurpée en
Allemagne. L'Autriche est slave. L'Italie, d'ailleurs, est
solidement constituée, militairement du moins. Elle a
des armées valeureuses, des canons rayés, une flotte
nombreuse et redoutable, presque tout entière construite
sur nos chantiers de la Méditerranée et de l'Océan, des fi-
nances qui ne sont pas en plus mauvais état que beaucoup
d'autres; elle a ce qui double l'énergie et la force des
hommes, l'enthousiasme et la foi; elle a des légions de volontaires, dont le licenciement serait assez difficile s'il fallait aujourd'hui les faire renoncer à la guerre. Avec tout
cela, l'Italie pourra peut-être vaincre seule, et la spirituelle
princesse de Metternich a encore l'espoir de ne pas re-
tourner à Vienne, où elle serait certainement fort dé-
paysée. Mais il est absolument nécessaire cette fois que
l'Italie soit affranchie des Alpes à l'Adriatique.

Il y a un petit point de l'Europe sur lequel s'est amassée la plus grande question des temps modernes. Ce point est la Turquie d'Europe; cette question a pris une dénomination étrange : la question d'Orient, probablement parce quelle est la plus inexplicable.

La question d'Orient renaîtrait-elle au milieu des graves complications actuelles? Aux yeux des rares hommes qui étudient avec soin et de près la politique dans ce qu'elle a d'élevé et d'essentiel, le doute n'est plus permis. Les événements qui se passent dans les principautés Danubiennes, où trône temporairement un Prussien de la famille Hohenzollern, sont les indices d'une situation toute nouvelle et de transition, pouvant s'accentuer suivant les décisions, naturellement opposées, que prendront la Russie et la Porte Ottomane.

Il est nécessaire, il est urgent que, dans l'intérêt de l'avenir, la réforme générale de l'Europe s'opère, soit de gré, soit de force.

La question d'Orient ne saurait, dans un moment aussi grave, être laissée en arrière. Elle réclame une solution; examinons ce qu'elle peut être au point de vue du droit des peuples.

L'empire ottoman a un pied en Europe, un pied en Asie et un pied en Afrique. Il s'agit de lui couper son pied d'Europe, et la solution est trouvée.

L'empire turc compte, en Europe, trois pouvoirs suzerains, à savoir : les principautés Danubiennes unies de

Valachie et de Moldavie (Roumanie) ; la principauté de
Servie et la principauté de Monténégro.

Ce n'est pas une erreur historique que de prétendre
que ces trois suzerains vivent en très-mauvaise intelli-
gence avec la Porte, pour ne pas dire en état d'hostilité
ouverte.

Indépendamment de ces souverainetés distinctes d'elle,
et sur lesquelles elle n'a conservé qu'un protectorat
nominal, la Turquie possède en Europe des provinces
qu'elle administre directement. Toutes ces possessions-
là sont gouvernées au moyen de treize *yalets* ou gouver-
neurs généraux, dont les résidences sont : Andrinople,
Roustchouk, Jassy, Bucharest, Prisrin, Belgrade, Sera-
jevo, Monastir, Scutari, Janina, Tirhala, Salonique et
Candie.

Ces proconsuls sont des vizirs, des pachas ou des voï-
vodes ayant rang de vizir, fonction qui est la plus haute
et la plus ancienne des fonctions dans l'Etat (la fonction
de vizir a été instituée en l'an 132 de l'hégire, ou 754 de
l'ère chrétienne). Ces administrateurs, cela va de soi,
professent presque tous la religion ottomane. Et il en
est ainsi jusqu'au dernier échelon de l'échelle adminis-
trative.

Sans faire une injure au caractère turc, nous pouvons
exprimer cette opinion que la civilisation turque est
contraire et antipathique à la civilisation chrétienne : la
première est asiatique, efféminée, sensuelle, improduc-
tive ; la seconde est latine, de mœurs sévères, spiritua-
liste, faite au travail du corps comme à celui de l'intel-
ligence.

Ce pouvoir qui gouverne et cette population qui est gouvernée, — nous employons des expressions parlementaires, — cela constitue évidemment un état de choses anormal, facile à ceux-ci, mais dur pour ceux-là. Parce que c'est l'œuvre des traités, ce n'est pas une raison pour que cette monstruosité dure éternellement.

La population de la Turquie d'Europe est en totalité de 15,730,000 habitants, qui se répartissent ainsi par sectes ou religions : dix millions de chrétiens grecs ou d'Arméniens, 640,000 catholiques, 700,000 juifs et 4,550,000 musulmans.

C'est donc quatre millions cinq cent cinquante mille musulmans qui font la loi, qui pressurent et maltraitent dix millions six cent quarante mille chrétiens grecs, arméniens ou catholiques ! Ces chrétiens, qui sont répandus dans les principautés Danubiennes, dans l'Albanie méridionale et dans l'Albanie du nord, dans l'Anatolie et dans l'île de Chypre, dans l'Arménie, en Syrie, etc.. ces chrétiens sont-ils prédestinés à être sans fin les victimes de la race turque, qui n'a avec eux aucun point commun, ni par la religion, ni par la langue, ni par les mœurs ?

Le droit nouveau, croyez-le bien, renversera un jour et de fond en comble cet échafaudage politique Il est nécessaire donc que, même en Turquie, on fasse prévaloir cet axiome résumant la justice et la politique des temps modernes : — Les populations ont des droits, les populations s'appartiennent.

La question d'Orient serait bientôt résolue, même

pacifiquement, n'était cette chose respectable, pour parler le langage de M. Thiers, cette chose sacrée qu'on appelle l'*équilibre européen*.

Trois des grandes puissances de l'Europe ont des intérêts immenses engagés dans la question d'Orient : ce sont la France, la Russie et l'Angleterre. La conciliation de ces intérêts a été jusqu'à ce jour jugée introuvable et impossible. Ce serait un problème qui ne comporterait pas de solution.

Il s'est rencontré de nos jours un souverain qui a dit aux souverains de l'Europe ce que Richelieu avait dit à leurs ambassadeurs : *La politique est changée. Les peuples ont des droits, et nous avons, nous, des devoirs graves dans les circonstances présentes.*

En ce qui concerne la Turquie, la situation des parties est celle-ci :

L'intérêt français est en Egypte et en Syrie.

L'intérêt anglais est dans les Dardanelles et à Constantinople.

L'intérêt russe est également à Constantinople et aussi sur chaque point où végète, sous la sujétion turque, un chrétien grec.

Ce que la France a toujours demandé, c'est que l'Egypte fût affranchie de tout vasselage, principalement du vasselage de l'Angleterre. Elle a obtenu cette garantie; non-seulement la vice-royauté d'Egypte exerce un pouvoir absolu, mais elle est devenue héréditaire dans la famille de Mehemed-Ali. Quant à la Syrie, l'expédition que nous avons faite en 1862 pour protéger les malheureuses populations chrétiennes contre les exactions et les barbaries des Druses, est une preuve évidente de la sollicitude de la France. Là aussi il y a des causes de trouble permanentes, et qu'il faudra bien faire disparaître.

Du côté de l'Egypte, l'intérêt français peut évidemment se concilier avec l'intérêt anglais et l'intérêt russe.

Une conciliation est-elle également possible à Constantinople? Pour nous, oui. Notre intérêt n'est pas là. Pour l'Angleterre, c'est peut-être différent. Nous disons *peut-être*, car nous n'avons pas le secret du cabinet anglais touchant ce point important. Toutefois, s'il ne se produit pas de revirement soudain dans sa politique traditionnelle, on peut être convaincu qu'elle n'admettra, comme l'Autriche, aucune concession vis-à-vis d'aucune puissance, par respect d'une sorte d'équilibre européen par elle combiné et établi sur les bords du Bosphore, équilibre en vertu duquel l'empire de Russie ne devrait jamais s'étendre jusqu'à la Méditerranée. Toute tentative entreprise par cette dernière puissance dans ce but sera considérée par l'Angleterre comme un *casus belli*, à moins, ce que nous ne saurions prévoir, que, prenant texte de l'abandon par elle spontanément consenti des îles Ionniennes, un cabinet libéral ne surgisse, tout converti au nouveau droit des peuples. C'est attendre un miracle !

La Russie et l'Angleterre sont deux rivales, dont le parallélisme politique et guerrier s'étend depuis les frontières de la Tartarie jusqu'aux rives de la Méditerranée. Ces deux nations doivent lutter un jour l'une contre l'autre. Depuis cinquante ans elles marchent à travers le monde asiatique et établissent leurs lignes de précaution. Sentant que la Russie pénètre chaque jour plus avant au cœur de l'Asie, au moyen d'expéditions nombreuses et répétées, l'Angleterre, qui, par la Turquie et les traités, tient les Dardanelles à l'abri de l'invasion moscovite, l'Angleterre ne saurait entrer dans une combinaison qui abandonnerait à sa rivale les chrétiens grecs, même contre la cession d'un territoire européen, à elle appartenant, par exemple la Pologne.

Qu'adviendrait-il donc le jour où les principautés Danubiennes deviendraient le théâtre d'une double invasion? Les Turcs entrant par un côté, les Russes entreront par l'autre. C'est de toute évidence.

Il ne faut pas espérer que, réduite à ses seules forces, la Turquie arrêtera, quinze jours durant, la marche des forces russes.

Il ne faut pas espérer que la France recommencera, de concert avec l'Angleterre, une seconde expédition d'Orient.

Dans une telle situation, la France, sollicitée une seconde fois par l'Angleterre, répondrait ce qu'elle répète partout depuis 1859 : consultez les populations danubiennes, auxquelles je reconnais le droit de disposer de leur sort. Le jour où elles se seront prononcées, ces malheureuses populations chrétiennes, personne, entendez-vous, Angleterre, entendez-vous, Turquie, n'aura le droit de les violenter et de les remettre sous un joug détesté, quand bien même on invoquerait des textes de traités et des axiomes d'équilibre européen.

Si les populations danubiennes et adjacentes, librés de leurs destinées, se donnaient à la Russie, la France ne pourrait voir là qu'un fait accompli en vertu d'un principe, et non matière à une intervention.

Seulement, par les précédents de sa politique, elle serait autorisée à tenir, d'une manière amicale, à la Russie, un langage que celle-ci comprendrait. Elle lui dirait : puisque les populations grecques se sont prononcées pour vous, je vous reconnais le droit de les admettre dans votre sein. Mais la Pologne, que vous possédez, il est vrai, en vertu d'anciens traités, la Pologne, par ses insurrections réitérées, n'a cessé de protester, autant qu'il était en elle, contre votre occupation. S'il y a doute, qu'on consulte librement ces populations polonaises. Si elles affirment qu'elles veulent leur autonomie, sous une forme politique quelconque, vous leur reconnaîtrez avec moi ce droit, et vous retirerez immédiatement vos bataillons.

La solution de la question d'Orient est là tout entière. La marche des temps et des événements la résoudra certainement dans ce sens.

Est-ce demain?

Peut-être!

SITUATION DES EFFECTIFS DES ARMÉES DE TERRE ET DE MER DES ÉTATS DE L'EUROPE

AU 1ᵉʳ JUIN 1866

Premier groupe.

FRANCE. — PRUSSE. — ITALIE. — RUSSIE. — ESPAGNE. — PORTUGAL. — HOLLANDE. — SUÈDE ET NORWÈGE. — DANEMARCK.

Deuxième groupe.

ANGLETERRE. — AUTRICHE. — CONFÉDÉRATION GERMANIQUE TURQUIE. — ÉGYPTE. — MOLDO-VALACHIE. — MONTÉNÉGRO SERVIE. — BELGIQUE. — GRÈCE.

Troisième groupe.

SUISSE. — ÉTATS-ROMAINS.

Nous devons une explication au lecteur en ce qui a
trait au groupement des puissances que nous avons
cru devoir faire. Cette manière de réunir les Etats n'a
rien d'hypothétique, comme on pourrait le penser peut-
être.

Depuis dix ans, ce que nous appelons *le droit nouveau
et le droit ancien* — une antinomie dans la forme — ont
cherché, en Europe, chacun pour soi, des adhérents, des
alliés, et, au besoin, des soutiens efficaces pour le cas où
il serait nécessaire d'en venir aux armes. Les défenseurs
du droit nouveau sont représentés dans le premier
groupe, ceux du droit ancien dans le second groupe. Il
ne s'agit plus que de se compter, et c'est chose aisée, puisque nous en fournissons les moyens au lecteur.

Dans le troisième groupe sont classés les Etats neutres,
c'est-à-dire ceux qui n'ont pas pris couleur dans la lutte,

FRANCE

ARMÉE DE TERRE [1].

MARÉCHAUX DE FRANCE.

Vaillant (Jean-Baptiste-Philibert); — Baraguey d'Hilliers (Achille, comte); — Randon (le comte Jacques-Louis-César-Alexandre); — Canrobert (François-Certain); — Regnault de Saint-Jean-d'Angely (Alexandre-Michel-Étienne, comte); — Mac-Mahon, duc de Magenta; — Niel (Adolphe); — Forey (Élie-Frédéric); — Bazaine (François-Achille).

[1] Un décret de décembre 1865, rendu sur le rapport du ministre de la guerre, supprime les cadres de 220 compagnies, de 46 escadrons et de 40 batteries; mais les soldats doivent être versés dans les compagnies et escadrons restants. Pour deux motifs, nous n'avons pas tenu compte de ces suppressions dans nos calculs : d'abord, parce qu'elles ne doivent être effectuées, du moins en totalité, qu'en 1867 ; en second lieu, parce que, suivant le langage de l'Empereur dans son discours d'ouverture des Chambres en 1866, dont voici le texte : « Elles doivent plutôt fortifier qu'affaiblir nos régiments. Gardien naturel des « intérêts de l'armée, je n'aurais pas consenti à ces réductions si elles « avaient dû altérer notre organisation militaire ou briser l'existence d'hommes « dont j'ai pu apprécier les services et le dévouement. Le maintien à la suite « de tous les officiers sans troupe ne compromet aucun avenir, et l'admission « dans les carrières administratives des officiers et sous-officiers qui approchent de l'époque de leur retraite rétablira bientôt le mouvement régulier de « l'avancement ; tous les intérêts se trouveront ainsi garantis, et la patrie ne « se sera pas montrée ingrate envers ceux qui répandent leur sang pour elle. »

Le territoire de la France est divisé militairement en 7 corps d'armée.

1er corps, à Paris, commandant : le maréchal Canrobert.
2e corps, à Lille, commandant : Vacant.
3e corps, à Nancy, commandant : le maréchal Forey.
4e corps, à Lyon, commandant : le général Cousin Montauban, comte de Palikao.
5e corps, à Tours, commandant : le maréchal Baraguey d'Hilliers.
6e corps, à Toulouse, commandant : le maréchal Niel.
7e corps, à Alger, commandant : le maréchal Mac-Mahon, duc de Magenta.

—

ÉTAT-MAJOR GÉNÉRAL.

Généraux de division,	90	80	de réserve.
Généraux de brigade,	160	180	de réserve.
Corps d'état-major,	534		
État-major des places,	365	officiers et 352 sous-officiers = 717	
Interprètes militaires,	73		

1,224 officiers, 352 sous-officiers.

GENDARMERIE.

Pied de paix : 24,791 hommes.

Gendarmerie à pied, 1 régiment, 2 bataillons, 16 compagnies.	1,161 h.
Gendarmerie d'élite, 1 escadron.	136
Gendarmerie départementale et algérienne, 27 légions, 96 compagnies.	20,176
Garde de Paris, une légion, 2 bataillons, 4 escadrons.	2,857
Vétérans, une compagnie.	161
	24,791

Pied de guerre : 25,683 hommes.

INFANTERIE.

Pied de paix : 250,454 hommes.

Grenadiers de la garde, 3 régiments, 12 bataillons, 72 compagnies.	6,600 h.
Voltigeurs de la garde, 4 régiments, 16 bataillons, 96 compagnies.	9,800

Infanterie de ligne, 100 régiments, 300 bataillons, 2,400 compagnies.   198,124 h.

Chasseurs à pied (y compris un bataillon de la garde, 24 bataillons, 170 compagnies.   15,116

Zouaves (y compris un régiment de la garde, 4 régiments, 11 bataillons, 95 compagnies.   9,746

Infanterie légère d'Afrique, 3 bataillons, 15 compagnies.   1.614

Corps étranger, 1 régiment, 3 bataillons, 24 compagnies.   2,049

Tirailleurs algériens, 3 régiments, 9 bataillons, 63 compagnies,   6,000

Compagnies de discipline, 7 compagnies.   875

Sous-officiers et fusiliers vétérans, 2 compagnies.   232

Sapeurs pompiers de Paris, 1 bataillon, 10 compagnies,   1.298

Total : 115 régiments, 376 bataillons, 2,934 compagnies, plus 116 compagnies et 24 sections hors rang, avec 326 chevaux.

Pied de guerre : 515,000 hommes d'infanterie.

—

CAVALERIE.

Pied de paix : 62,792 hommes.

Cent gardes, 1 escadron.   224 h.

Carabiniers, 2 régiments, 12 escadrons.   1,764

Cuirassiers (y compris 2 régiments de la garde, 12 régiments, 72 escadrons.   10,915

Dragons (y compris 1 régiment de la garde), 13 régiments, 78 escadrons.   11,634

Lanciers (y compris 1 régiment de la garde, 9 régiments, 54 escadrons.   8,103

Chasseurs (y compris un régiment de la garde, 13 régiments, 76 escadrons   11,876

Guides de la garde, 1 régiment, 6 escadrons.   1,047

Hussards, 8 régiments, 48 escadrons   7,540

Chasseurs d'Afrique, 3 régiments, 18 escadrons.   3,381

Spahis, 3 régiments, 18 escadrons.   3,450

Cavalerie de remonte, 9 compagnies.   2,583

Ecole de cavalerie.   249

64 régiments, 385 escadrons, 9 compagnies, et 64 pelotons hors rang = 47,612 chevaux.

Pied de guerre : 100,000 hommes et 85,000 chevaux.

—

ARTILLERIE.

Pied de paix : 39,696 hommes.

Etat-major.	1,477 h.
Artillerie à pied (y compris une batterie de la garde), 5 régiments, 81 batteries.	
Artillerie à cheval (y compris 1 régiment de la garde), 5 régiments, 38 batteries.	
Artillerie montée (y compris 1 régiment de la garde), 11 régiments, 108 batteries.	
Ensemble.	31,474
Pontonniers (y compris une compagnie de la garde), 1 régiment, 13 batteries.	1,538
Train (y compris 1 escadron de la garde), 7 escadrons, 32 compagnies.	3,639
Ouvriers, 12 compagnies.	944
Armuriers, 2 compagnies.	208
Canonniers artificiers, une compagnie.	104
Vétérans, 3 compagnies.	312

22 régiments, 227 batteries, 7 escadrons, 63 compagnies, 29 pelotons hors rang = 16,616 chevaux; 1,362 canons.

En temps de guerre, les compagnies du train sont doublées (32 compagnies en plus), et l'on forme 29 dépôts de régiments et d'escadrons.

Pied de guerre : 66,132 hommes, 49,839 chevaux.

—

GÉNIE.

Pied de paix : 8,410 hommes.

Etat-major particulier.	1,099 h.
Troupes (y compris 2 compagnies de la garde), 3 régiments, 71 compagnies.	6,953
Ouvriers, 2 compagnies.	358

3 régiments, 6 bataillons, 73 compagnies, plus 3 compagnies hors rang, 1,119 chevaux.

Pied de guerre : 15,413 hommes et 1,400 chevaux.

—

ÉQUIPAGES MILITAIRES.

Pied de paix : 5,655 hommes.

Etat-major du train des parcs.	66 h.
Train des équipages (y compris 1 escadron de la garde), 5 escadrons, 44 compagnies.	5,094
Ouvriers constructeurs, 5 compagnies.	495

6 escadrons, 49 compagnies, 6 pelotons hors rang et 5,196 chevaux.

Pied de guerre : 15,800 hommes et 12,000 chevaux.

ADMINISTRATION.

Pied de paix : 10,511 hommes et 240 chevaux.

Intendance (activité et réserve).	304 h.
Officiers d'administration.	1,174
Aumôniers, médecins, pharmaciens.	819
Vétérinaires.	370
Commis des bureaux de l'intendance.	700
Ouvriers d'administration des subsistances militaires.	3,715
Infirmiers militaires.	3,429
	10,511

Pied de guerre : 17,536 hommes.

Il convient d'ajouter à ces effectifs :

Invalides (officiers et soldats).	1,741 h.
Ecoles militaires (officiers, sous-officiers, élèves).	2,378
Justice militaire : agents de surveillance et condamnés.	4,418
Enfants de troupe.	5,622
	14,159

—

Récapitulation des effectifs de l'armée de terre.

Pied de paix : 404.100 hommes, 86,300 chevaux.
Pied de guerre : 757,700 hommes, 143,200 chevaux.

—

Budget ordinaire et extraordinaire de la guerre pour 1866 :
398,169,151 francs.

ARMÉE DE MER.

—

§ 1er.

Personnel des officiers et assimilés des divers corps.

—

AMIRAUX.

Rigault de Genouilly (Charles) ; — Charner (Léonard-Victor-Joseph).

—

VICE-AMIRAUX.

(Cadre d'activité.)

Trehouart (François-Thomas) , — Lebarbier de Tinan (Marie-Charles-Adalbert), — Fourichon (Martin), — Bouët-Willaumez (Louis-Édouard, comte), — Clavaud (André-Paul) , — Gueydon (Louis-Henri, comte de), Page (Théogène-François) , — Chabannes Curton la Palisse (Octave-Pierre-Antoine-Henri, vicomte de) , — Jurien de la Gravière (Jean-Pierre-Edmond) , — Bouvet (Louis-Adolphe) , — Pénaud (André-Édouard) , — Larrieu (Guillaume-Lucien-Émile) , — Chopart (Louis-Narcisse) , — Dupouy (Augustin), — Pâris (François-Edmond), — Reynaud (Aimé-Félix-Saint-Elme) , — Touchard (Philippe-Victor) , — Jaurès (Jean-Louis-Charles) , — De la Grandière (Pierre-Paul-Marie).

(Cadre de réserve.)

7 vice-amiraux.

—

CONTRE-AMIRAUX.

(Cadre d'activité.)

Du Bouzet (Joseph-Fidèle-Eugène, marquis) , — Lacapelle (Claude-Jean-Philibert-Corentin) , — Labrousse (Nicolas-Hippolyte) , — Chaigneau (François-Paul) , — De Poucques d'Herbinghem (Joseph-Eugène) , — Baron Clément de la Roncière Le Noury (Camille-Adalbert-Marie).

— Laffon de Ladebat (André-Émile-Léon), — Bosse (Auguste), — Mazères (Jean-Baptiste-Louis), — Fabre la Maurelle (François-Marie-Sosthène), — Roze (Pierre-Gustave), — Ducampe de Rosamel (Louis-Charles-Marie), — Bolle (Salomon-Marcelin-Édouard), — Simon (Charles-Marie-Prosper), — Saisset (Jean-Marie-Joseph-Théodore), — baron Didelot (Octave-François-Charles), — vicomte Fleuriot de Langle (Alphonse-Jean-René), — Legras (Désiré-Jean-Auguste), — baron Darricau (Rodolphe-Augustin), — Coupvent Desbois (Aimé-Auguste-Élie), — Moulac (Vincent Alfred), — Exelmans (Joseph-Maurice), — Dalaras de la Pérouse (Léon-Pierre-Émile), — de Dompierre d'Hornoy (Charles-Marius-Albert), — Penhoat (Jérôme-Hyacinthe), — Jaïn (Jean-Louis-Odon), — Pothuau (Louis-Pierre-Alexis), — Ohier (Marie-Gustave-Hector), — baron Méquet (Eugène-Louis-Hugues), — marquis de Montaignac de Chauvance (Louis-Raymond), — Dieudonné (Alexandre).

(Cadre de réserve.)

13 contre-amiraux.

Capitaines de vaisseau, 134; — capitaines de frégate, 258; — lieutenants de vaisseau, 764; — en résidence fixe, 73; — en congé sans solde, 11; — en non-activité, 16; — enseignes de vaisseau, 346; — en non-activité, 3; — aspirants de 1re et de 2e classe, 360; — élèves de l'école navale, 300.

Mécaniciens principaux de 1re et de 2e classe, 38; — génie maritime, 159; — hydrographie, 17.

Commissariat de la marine, 320: 29 élèves et 79 commis; commis aux écritures, 328.

Commissariat de la marine (cadre colonial), 154; commis, 98.

Corps de l'inspection des services administratifs, 36. — Direction des travaux, 194; — Comptables des matières, 174; — Service des manutentions, 11.

Corps de santé : médecins, 672; — pharmaciens, 75.

Aumôniers, 66.

Examinateurs et professeurs des écoles d'hydrographie, 62.

—

TROUPES DE LA MARINE.

Gendarmerie maritime : 7 officiers.

Corps d'artillerie : 1 général de division, deux généraux de brigade, 8 colonels, 11 lieutenants-colonels, 19 chefs d'escadron, 100 capitaines, 67 lieutenants, 20 sous-lieutenants, 165 employés. — Total : 393 officiers ou employés.

Corps d'infanterie de marine : 1 général de division, 3 généraux de brigade, 6 colonels, 11 lieutenants-colonels, 36 chefs de bataillon, 206 capitaines, 180 lieutenants, 163 sous-lieutenants. Total : 606 officiers.

—

Récapitulation.

Officiers de vaisseau et élèves	2317
Officiers de troupe	1006
Divers corps sus-désignés	2552
Total	5875

Effectif des équipages de la flotte.

Au 1ᵉʳ janvier 1866, les équipages de la flotte comptaient 42,280 hommes embarqués. Parmi ces hommes, il y en avait 6,000 d'inscription levés d'office, 8,880 matelots de recrutement et 27,400 volontaires. Dans ces 27,400 hommes nous avons les volontaires de l'inscription au nombre de 16,600 hommes, à savoir : les officiers mariniers, autrement dit les sous-officiers, 3,500 ; les inscrits maintenus ou réadmis, 8,760 hommes ; les remplaçants inscrits, 40 hommes ; les novices, 2,770 hommes ; enfin, les mousses au nombre de 1,440.

Les hommes provenant du recrutement ou servant volontairement sont compris dans le total de 27,400 pour 9,470, parmi lesquels on compte 2,360 engagés volontaires ; 6,860 rengagés dans les conditions de la loi sur la dotation et 116 remplaçants.

Il y a enfin sur les navires un personnel qui porte le nom de surnuméraires : ce sont des maîtres d'hôtel, des commis aux vivres, etc. À la même époque ce personnel était au nombre de 1,530 hommes, tous volontaires.

Les marins faisant partie de l'inscription maritime et parmi lesquels on peut faire des levées en temps de guerre sont au nombre de 150,000.

Un matelot, sans aucune profession spéciale que celle de matelot, le matelot de troisième classe ; — il y a trois classes : la troisième classe, la deuxième classe et la première classe ; — le matelot de troisième classe touche 80 centimes par jour ; le matelot de seconde classe, 1 fr. 10 par jour, et le matelot de première classe, 1 fr. 20 par jour.

Il est nourri, et bien nourri.

Il est habillé, non pas aux frais de l'État ; en arrivant il reçoit un équipement complet, qu'on appelle sac. Le sac est d'une valeur de cent cinquante francs. On retient la valeur du sac sur les gages ; c'est une retenue de quarante centimes par jour, et avec cette retenue de quarante centimes par jour, qui laisse encore au matelot de 3ᵉ classe quarante centimes parfaitement nets, le sac est payé en quinze mois environ ; après quoi, pour l'entretien de l'habillement, il suffit d'une retenue de dix centimes par jour. Avec cette retenue de dix centimes le matelot de 3ᵉ classe touche soixante-dix centimes par jour, le matelot de 2ᵉ classe a un franc par jour, et le matelot de 1ʳᵉ classe un franc et 10 centimes.

Je ne parle pas des primes et des hautes payes. Il y a des matelots de 1ʳᵉ classe qui reçoivent un franc et soixante-dix centimes par jour, cinquante-un francs par mois, et le commerce les paye cinquante, cinquante-cinq ou au plus soixante francs.

Enfin, il y a la caisse des invalides qui, pour le matelot inscrit, est une institution précieuse.

Effectif des troupes de la marine.

Gendarmerie maritime, 5 compagnies	382 h.
Gendarmerie coloniale, 4 compagnies	632
Artillerie : 1 régiment, 28 batteries, 1 compagnie	3,865
Ouvriers d'artillerie, 6 compagnies	1,000
Ouvriers indigènes du génie, 4 compagnies	644
Infanterie de marine, 4 régiments, 118 compagnies	14,935
Tirailleurs sénégalais, 1 bataillon, 6 compagnies	824
Infanterie annamite, 1 compagnie	750
Cipayes de l'Inde, 2 compagnies	314
Compagnie de discipline	216
Infanterie indigène, 3 compagnies	390
Compagnies disciplinaires des colonies, 4 compagnies	1,400
Gardes-chiourmes, 5 compagnies	422
Total des troupes de la marine	25,774 h.

§ II.

Matériel naval.

BATIMENTS A HÉLICE CUIRASSÉS.

2 vaisseaux : — Le Solférino, le Magenta.

17 frégates : — La Couronne, l'Héroïne, l'Invincible, le Magnanime, le Marengo, la Normandie, l'Océan, la Provence, la Revanche, la Savoie, la Surveillante, la Valeureuse, la Flandre, le Friedland, la Gauloise, la Gloire et la Guyenne.

4 corvettes : — L'Alma, l'Atalante, la Belliqueuse et la Jeanne-d'Arc.

4 gardes-côtes : — Le Bélier, le Boule-dogue, le Cerbère, le Taureau.

28 batteries flottantes : — L'Arrogante, batteries n° 1, n° 2, n° 3, n° 4, n° 5, n° 6, n° 7, n° 8, n° 9, n° 10, n° 11. — La Congrève, la Dévastation, l'Embuscade, la Foudroyante, l'Implacable, l'Imprenable, la Lave, l'Opiniâtre, Paixhans, Palestro, le Peï-Ho, la Protectrice, le Refuge, Saigon, Tonnante.

BATIMENTS A HÉLICE.

36 vaisseaux : — Alexandre, Algésiras, Arcole, Austerlitz, Bayard, Breslau, Bretagne, Castiglione, Charlemagne, Donawerth, Duguay-Trouin, Duquesne, Eylau, Fleurus, Fontenoy, Impérial, Jean-Bart, Louis XIV, Masséna, Montebello, Napoléon, Navarin, Prince-Jérôme, Redoutable, Saint-Louis, Souverain, Tage, Tilsit, Tourville, Turenne, Ulm, Ville-de-Bordeaux, Ville-de-Lyon, Ville-de-Nantes, Ville-de-Paris, Wagram.

25 frégates : — Ardente, Astrée, Audacieuse, Bellone, Circé, Clorinde, Danaé, Flore, Foudre, Guerrière, Hermione, Impératrice-Eugénie, Impétueuse, Isly, Junon, Magicienne, Pallas, Pandore, Renommée, Sémiramis, Souveraine, Thémis, Victoire, Zénobie.

14 corvettes : — Armorique, Cassard, Coquette, Cosmao, d'Assas, Decrès, Du Chayla, Dupleix, Laplace, Minerve, Phlégéton, Primauguet, Roland, Vénus.

56 avisos : — Actif, Adonis, Abou Prah, Amphion, Argus, Ariel, Biche, Bien Hoa, Bougainville, Bouvet, Bruix, Catinat, Coëtlogon, Corse, Croiseur, Curieux, Cuvier, d'Entrecasteaux, d'Estaing, d'Estrées, Diamant, Faon, Favori, Forbin, Forfait, Gia-Dinh, Guichen, Hamelin, Labourdonnaye, Lamothe-Piquet, Latouche-Tréville, l'Hermite, Limier, Linois, Lucifer, Lutin, Lynx, Marceau, Mégère, Monge, Narzagaray, Passe-Partout, Pélican, Prégent, Renard, Renaudin, Rôdeur, Salamandre, Sentinelle, Surcouf, Sylphe, Talisman, Vigie, Volta.

11 bâtiments de flottille.

62 canonnières de première et de seconde classe, savoir :

L'Abîme, l'Avalanche, la Bourdais, canonnières nos 1 à 40, la Comète, la Décidée, la Diligente, la Dragonne, l'Éclair, la Flamme, la Fusée, la Grenade, Kienney, Lebréthon, la Muraille, la Pique, Sainte-Barbe, la Surprise, la Tactique, le Tardif, la Tempête, la Tortue, la Tourmente.

11 chaloupes canonnières, de 3 à 1 canon.

45 transports : — L'Adour, l'Allier, l'Amazone, l'Ardèche, l'Ariège, l'Aube, l'Aveyron, le Calvados, le Cérès, la Charente, le Cher, la Corrèze, la Creuse, le Dix-Décembre, la Dordogne, la Drôme, le Dryade, la Durance, l'Eure, l'Européen, le Finistère, la Garonne, la Gironde, l'Indre, l'Intrépide, l'Isère, le Japon, le Jura, la Loire, le Loiret, la Marne, la Mayenne, la Meurthe, la Meuse, la Moselle, la Nièvre, l'Orne, la Pomone, le Rhin, le Rhône, la Saône, la Sarthe, la Seine, la Sèvre, la Somme, le Tarn, le Var, la Vienne, l'Yonne.

258 bâtiments à hélice, 1,887 canons, 69,920 chevaux.

—

BATIMENTS A ROUES.

		can.	chev.
13	Frégates,	154	6,140
9	Corvettes,	46	3,120
28	Avisos,	96	4,610
25	Avisos de flottille,	14	1,380
75		310	15,250

BATIMENTS A VOILES.

4	Vaisseau,	70 canons.
18	Frégates,	890 »
8	Corvettes.	176 »
12	Bricks,	136 »
60	Bat. de flottille (goëlettes, cutters, lorchas, péniches et chaloupes),	38 »
29	Transports,	56 »
128		1,366

Total général de la flotte : 161 bâtiments; 6573 canons et 79,179 chevaux-vapeur.

Budget ordinaire et extraordinaire de la marine et des colonies pour 1866 : 164 951.482 fr.

PRUSSE

ARMÉE DE TERRE.

L'armée prussienne se compose de la Garde et de 8 corps d'armée provinciaux.

Le corps de la Garde se divise en deux divisions d'infanterie de deux brigades, et une division de cavalerie de deux brigades.

Commandant en chef de la Garde : Auguste, prince de Wurtemberg. 1re division d'infanterie : Lieutenant-général, Von der Mülbe. 2e division d'infanterie : Lieutenant-général, de Plonski. Division de cavalerie : Lieutenant-général, baron der Goltz II.

1er *corps d'armée*. — Quartier général à Kœnigsberg : Général de Bonin II.

2e *corps*. — Quartier général à Stettin : Commandant en chef, le Lieutenant-général Frédéric-Guillaume, prince royal de Prusse.

3e *corps*. — Quartier général à Berlin : Commandant en chef, Frédéric Charles, prince de Prusse, général de cavalerie.

4e *corps*. — Quartier général à Magdebourg : Commandant en chef, le général d'infanterie de Schack.

5e *corps*. — Quartier général à Posen : Commandant en chef, le général d'infanterie de Steinmetz.

6e *corps*. — Quartier général à Breslau : Commandant en chef, le général de cavalerie de Mutius.

7e *corps*. — Quartier général à Munster : Commandant en chef, le général d'infanterie Vogel de Falckenstein.

8e *corps*. — Quartier général à Coblentz : Commandant en chef, le général d'infanterie Hermath de Bittenfeld.

Commandant en chef dans les Marches : Le feld-maréchal général comte de Wrangel.

Gouverneur militaire de la province rhénane et de la province de Westphalie : Le général d'infanterie, prince Charles Antoine de Hohenzollern-Sigmaringen.

Commandant en chef des troupes cantonnées dans le Sleswig : Le lieutenant-général baron de Manteuffel.

Division combinée d'infanterie à Flensbourg : Le lieutenant-général de Canstein.

Les 8 corps d'armée se divisent chacun en deux divisions composées de deux brigades d'infanterie et d'une brigade de cavalerie. Au 8e corps d'armée sont rattachés, en outre, 1 brigade d'inspection et 1 brigade de garnison des forteresses fédérales.

En résumé, l'armée prussienne compte : 3 divisions de la garde, 16 divisions de ligne, 1 division d'inspection. Soit : 4 brigades d'infanterie de la garde et 32 brigades d'infanterie de ligne, et 2 brigades de cavalerie de la garde et 16 brigades de cavalerie de ligne.

A chacun des 8 corps d'armée sont adjoints, en dehors du cadre des divisions : 1 brigade d'artillerie, 1 bataillon de chasseurs, et dans la garde 1 bataillon de carabiniers, 1 bataillon de pionniers, 1 bataillon de train.

Voici, d'ailleurs, l'état général de l'armée prussienne :

ÉTAT-MAJOR.

1 feld-maréchal-général, 1 feld-zeugmestre-général, 35 généraux, 58 lieutenants-généraux, 97 majors-généraux, 118 colonels d'infanterie, 35 colonels de cavalerie, 23 colonels d'artillerie, 12 colonels du corps des ingénieurs, 2 colonels du train.

INFANTERIE.

(Pied de paix.)

1 régiments de la garde à pied, 12 bataillons . . . 7,464 hommes ;
4 régiments de grenadiers de la garde, 12 bataillons 7,464 hommes ;
1 régiment de fusiliers de la garde, 3 bataillons . 2,107 hommes.

Au total, l'infanterie de la garde compte 9 régiments, 27 bataillons et 17,035 hommes.

Pied de guerre : 27,454 hommes.

12 régiments de grenadiers de la ligne, 36 bataillons 19,356 h.
8 régiments de fusiliers, 24 bataillons . . . . . 12,904 h.
52 régiments d'infanterie, 156 bataillons . . . . 83,876 h.

Soit : 72 régiments de ligne, 216 bataillons, 116,136 hommes.

Pied de guerre : 218,088 hommes.

CHASSEURS ET TIRAILLEURS A PIED.

(Pied de paix.)

1 bataillon de chasseurs de la garde. 534 hommes.
1 bataillon de carabiniers, 534 hommes.
8 bataillons de chasseurs de la ligne, 4,272 hommes.

Ensemble 10 bataillons et 5,340 hommes.

Pied de guerre : 10,060 hommes.

En récapitulant ces chiffres, nous trouvons que l'infanterie de ligne compte : 253 bataillons et 138,511 hommes.

Pied de guerre : 255,599 hommes.

CAVALERIE PERMANENTE.

(Pied de paix.)

1 régiment des gardes du corps (garde royale), 4 escadrons, 603 hommes.
1 régiment de cuirassiers (garde royale), 4 escadrons, 594 hommes.
2 régiments de dragons (garde royale), 8 escadrons, 1,188 hommes.
1 régiment de hussards (garde royale), 4 escadrons, 594 hommes.
3 régiments de lanciers (garde royale). 12 escadrons, 1,782 hommes.
8 régiments de cuirassiers de la ligne, 32 escadrons, 4.752 hommes.
8 régiments de dragons de la ligne, 36 escadrons, 5,344 hommes.
12 régiments de hussards de la ligne, 52 escadrons, 7,720 hommes.
12 régiments de lanciers de la ligne, 48 escadrons, 7,128 hommes.

En résumé, la cavalerie de la garde et de la ligne s'élève à : 48 régiments, 200 escadrons et 29,705 hommes.

Pied de guerre : 50,289 hommes.

La cavalerie de la landwehr compte 12 régiments. 48 escadrons.

Pied de guerre : 37,564 hommes.

ARTILLERIE.

(Pied de paix.)

1 brigade d'artillerie de la garde, 14 batteries, 1773 hommes. 56 canons.
1 brigade d'artillerie, 14 batteries, 1761 hommes, 56 canons.
7 brigades d'artillerie, 98 batteries, 12,327 hommes, 392 canons.

Total : 9 brigades d'artillerie, 15.861 hommes, 504 canons.

Chaque brigade d'artillerie est composée d'un régiment d'artillerie de campagne et d'un régiment d'artillerie de forteresse.

Chaque régiment d'artillerie de campagne a, en temps de paix, 14, en temps de guerre, 17 batteries.

Un régiment d'artillerie de forteresse compte 8 compagnies.

Pied de guerre : 153 batteries, 28,091 hommes et 864 canons.

—

PIONNIERS.

(*Pied de paix.*)

1 bataillon de pionniers de la garde, 4 compagnies, 493 hommes.
8 bataillons de pionniers de la garde, 32 compagnies, 3,960 hommes.

Les pionniers comptent donc : 9 bataillons, 36 compagnies et 4,453 hommes.

Pied de guerre : 5,454 hommes.

—

TRAIN DES ÉQUIPAGES.

1 bataillon, 2 compagnies, 183 hommes.
8 bataillons, 16 compagnies, 1,464 hommes.
9 bataillons, 18 compagnies, 1,647 hommes.

Pied de guerre : 30,200 hommes, y compris les bataillons du train des autres armes.

L'armée régulière et permanente de Prusse est donc, pour toutes les armes, sur pied de paix de 195,144 hommes et de 504 canons attelés.

Sur pied de guerre, elle est de 350,905 hommes et de 864 canons.

Dans le système d'organisation militaire de la Prusse, système qui a été plus ou moins bien imité par tous les États de l'Europe, les forces sus-relatées sont propres à être constamment disponibles pour la guerre. Ce sont les troupes dites de campagne.

A côté de l'armée dite de campagne dont nous venons de fixer les effectifs, il y a deux autres catégories de troupes, à savoir : *les troupes de dépôt* et *les troupes de garnison*.

Les troupes de dépôt sont formées lors de la mobilisation de l'armée. Il est ajouté alors à chaque régiment d'infanterie, un bataillon ; à chaque bataillon de chasseurs ou de pionniers, une compagnie ; à chaque régiment de cavalerie, un escadron ; à chaque brigade d'artillerie, 4 batteries ; et à chaque bataillon du train, une section :

—

Effectif des troupes de dépôt.

81 bataillons d'infanterie	81,561 hommes.	
10 compagnies de chasseurs,	2,010 —	
60 escadrons de cavalerie,	10.548 —	
36 bataillons d'artillerie,	4,968 —	144 canons.
9 compagnies de pionniers,	1.818 —	
9 sections du train,	4,518 —	

TOTAL   105,423 hommes, 144 canons.

Ouvriers des troupes de dépôt,   18,500

123,923 hommes.

Quant *aux troupes dites de garnison,* ce ne sont, exactement parlant, que des cadres formés d'officiers et de sous officiers, et qu'en temps de guerre on remplit avec les hommes de la landwehr. Voici la situation de ces cadres avec le complet des troupes :

INFANTERIE.

(Pied de guerre).

	Cadres.	
12 régiments de la landwehr de la garde,	132	12,072 homm.
104 bataillons de la landwehr des provinces,	1,560	104,624 —
10 sections de chasseurs de dépôt,	»	4,020 —
TOTAL de l'infanterie	1,692	120,716 homm.

CAVALERIE.

37 escadrons des garnisons des forteresses, 5,700 hommes.

ARTILLERIE.

Pied de paix.

72 compagnies des forteresses, 7,200 hommes.
6 compagnies d'ouvriers.   438 hommes.

Pied de guerre.

142 compagnies des forteresses, 27,047 hommes.
6 compagnies d'ouvriers,   1,200 hommes.

Ensemble : *pied de paix,*   78 compagnies,   7,638 hommes.
         pied de guerre. 148 compagnies. 28,247 hommes.

PIONNIERS.

Pied de paix.

2 compagnies de pionniers de réserve,   250 hommes.

Pied de guerre.

2 compagnies de pionniers de réserve, 4,134 hommes.

Les troupes de garnison comptent, en temps de paix, 8,217 hommes, en temps de guerre, 153,966 hommes.

L'ensemble de tous les corps de troupes des diverses catégories de l'armée prussienne s'élève :

Sur pied de paix, à   199,963 sous-officiers et soldats.
Sur pied de guerre, à   633,625 sous-officiers et soldats.

A ces chiffres, il faut ajouter les officiers, dont le nombre, d'après l'*Annuaire de l'armée prussienne*, s'élève à 8,000 en temps de paix, et à 10,000 en temps de guerre.

Le temps de service dans la ligne et la landwehr est de 19 ans. La levée annuelle est de 63,000 hommes, ce qui fait, pour 16 années, 1,008,000 hommes en congé. En évaluant la perte à 25 0/0, il resterait en congé environ 756,000 hommes exercés pour la guerre.

Même en portant l'armée sur pied de guerre, il resterait une réserve en Prusse d'environ 320,000 hommes en bon état pour servir.

Au 15 mai 1866, l'armée prussienne se trouvait sur le pied de guerre.

ARMÉE DE MER.

—

§ Ier.

Personnel.

1 amiral, commandant en chef de la flotte, Henri-Guillaume Adalbert, prince de Prusse.

1 contre-amiral, Jachmann, actuellement commandant la station navale de la Baltique, à Kiel. C'est à Kiel que se trouvent réunis actuellement tous les bâtiments disponibles de la flotte prussienne.

4 capitaines de vaisseau, 8 capitaines de corvette, 25 lieutenants capitaines, 32 lieutenants de vaisseau, 10 sous-lieutenants, 60 sous-lieutenants de réserve.

1,393 sous-officiers et matelots, — 300 mousses, — 598 ouvriers.

TROUPES DE LA MARINE.

Infanterie : 1 lieutenant-colonel, 5 capitaines ; 18 lieutenants et 596 sous-officiers et soldats, — réserve : 14 officiers.

Artillerie : 2 capitaines, 6 lieutenants et 288 sous-officiers et soldats.

---

§ II.

Matériel naval.

BATIMENTS CUIRASSÉS A HÉLICE (1).

2 vaisseaux : Arminius, Cheops, 600 chevaux, 7 canons.

BATIMENTS A HÉLICE.

8 corvettes de 1re et de 2me classe : la Vinetta, l'Arcona, la Gazelle, la Hertha, la Nymphe, la Méduse, l'Augusta, la Victoria, 2,400 chevaux, 172 canons.
23 chaloupes canonnières, 52 canons.
1 yacht, la Grille, de 160 chevaux, 2 canons.

Total des bâtiments à hélice : 34 bâtiments, 234 canons.

BATIMENTS A ROUES.

1 corvette, le Barberossa, 9 canons.
2 avisos : la Loreley, le Preussischer Adler, 6 canons.

Total : 3 bâtiments à roues et 15 canons.

---

(1) Au mois d'avril dernier, le prince Adalbert a fait à Toulon une commande de 2 grandes frégates cuirassées à éperon, en cours de construction sur les chantiers de la Seyne.

BATIMENTS A VOILES.

3 fregates : le Gefion, la Thétis, la Niobe, 112 canons.
3 bricks : le Musquito, le Rover, la Hela.   28 canons.
2 goëlettes.

Total : 8 navires et 140 canons.

—

BATIMENTS A RAMES.

36 chaloupes canonnières de 2 canons, 72 canons.
 4 yoles canonnières de 1 canon,   4 canons.

Total : 40 bâtiments et 76 canons.

L'ensemble de la marine prussienne s'elève, au total, à 85 bâtiment
portant 465 canons.

ITALIE

—

ARMÉE DE TERRE.

—

Il vient d'être créé, en Italie, quatre corps d'armée, savoir :

1er *corps*. — Quatier général à Lodi : commandant en chef, général Durando.

2e *corps*. — Quartier général à Crémone : Commandant en chef, général Cucchiari.

3e *corps*. — Quartier général à Plaisance : Commandant en chef, général della Rocca.

4e *corps*. — Quartier général à Bologne : Commandant en chef, général Cialdini.

Les généraux divisionnaires de ces corps d'armée sont : Bixio, Brignone, Cadorna, Casanova, Cerale, Chiabrera, Cosenz, Cugia, Govine, Medici, Mezzacapo, Mignano, Pianelli, prince Humbert, Ricotti, Sirtori.

—

ETAT-MAJOR GÉNÉRAL.

Généraux d'armée	7 offic.
Lieutenants-généraux	60
Majors-généraux	86

—

CORPS DE L'ÉTAT-MAJOR.

Colonels	11
Lieutenants-colonels	11
Majors	30
Capitaines	98
Lieutenants	52
Sous-Lieutenants	8

Ensemble   210 offic.

8 régiments de grenadiers et 72 régiments d'infanterie de ligne	6,970 offic.	115,600 h.
5 régiments de bersaglieri	820	15,345
19 régiments de cavalerie	950	16,948
9 régiments d'artillerie	1,028	17,898
2 régiments de sapeurs du génie	429	4,385
3 régiments du train	150	2,460
14 légions de carabiniers (gendarmes)	556	21,236
Corps d'administration	110	3,173
État-major des places, intendance, vétérans, écoles, disciplinaires	1,900	12,800

     13,276 offic.   209,045 h

Réserve (2ᵉ portion du contingent)   118,660

      357,705 h.
      13,276 of

Ensemble   370,981

—

FORMATION DES RÉGIMENTS.

Infanterie de ligne, 4 bataillons, 4 compagnies, 87 offic., 1445 h.

Bersaglieri, 8 bataillons, 4 compagnies, 164 officiers. 3,069 hommes.

Cavalerie, 7 escadrons, dont 1 de dépôt, 50 officiers, 892 hommes. 683 chevaux.

Génie, 88 officiers, 1,928 hommes, 24 chevaux.

L'artillerie se compose du comité de l'état-major, d'un régiment de pontonniers, de 3 régiments d'artillerie de forteresse, de 5 régiments d'artillerie montée à 90 batteries de 6 pièces, de 6 compagnies d'ouvriers, d'une compagnie de vétérans.

Voici quelle était la situation de l'ancienne armée sarde au 31 janvier 1859. On sera à même de juger ainsi par la comparaison du développement qu'a pris l'armée du nouveau royaume italien.

A la date précitée, la Sardaigne avait sous les armes :

Officiers	3,135
Sous-officiers et soldats	45,746
Total	48.881
Officiers en expectative	98
Réserve	34,525
Total général	83.524

En cas de guerre, les forces actives de l'armée italienne pourraient aisément être portées à 500,000 hommes par le rappel des classes renvoyées dans leurs familles pour y attendre leur libération définitive.

Une correspondance datée de Turin et insérée dans le *Moniteur universel* (n° du 21 avril 1866) contient ceci :

On vient de publier un document officiel qui a été lu, surtout à Turin, avec le plus vif intérêt : c'est le rapport que le général de Pettinengo, ministre de la guerre, a adressé au roi sur la situation de l'armée italienne au 31 janvier dernier. Il en résulte qu'à cette date l'effectif, en officiers et soldats présents sous les drapeaux, s'élevait à 204,327 hommes, auxquels il faut joindre 1,754 officiers en disponibilité et 148,660 soldats en congé temporaire dans leurs foyers. Ces chiffres forment un total de 344,743 hommes disponibles. Au 31 janvier 1859, l'ancienne armée piémontaise n'offrait que 83.299 hommes, dont 18,000 seulement sous les armes. L'armée italienne pourrait être encore augmentée, dans deux ou trois mois, d'environ 180,000 hommes, en rappelant les hommes des classes renvoyées dans leurs familles pour y attendre leur libération définitive.

Un fait curieux, et qui a été bien remarqué parmi nous, c'est que, sur 15,758 officiers, la moitié appartiennent à l'ancien royaume, et ont fait, avec les troupes piémontaises, les campagnes de 1848 1849 et celles de 1855 à 1861. Un très-grand nombre de soldats ont aussi pris part aux batailles de ces dernières années. D'après ces chiffres, on voit que le royaume d'Italie présente une armée dans les meilleures conditions, car elle a des cadres étendus et extrêmement solides, un corps d'officiers aguerris, sortis des écoles militaires ou pris parmi les sous-officiers de choix. Dans les provinces méridionales, qui autrefois n'avaient point un goût bien prononcé pour la milice, le tirage au sort a lieu très-facilement, et il n'y a plus de réfractaires. Dans les dernières opérations du 10 de ce mois, à Isernia, sur 250 conscrits, 235 étaient présents, les absents avaient des excuses légitimes. Le même jour, à Bénévent, sur 104 jeunes gens, un seul ne s'était pas rendu à l'appel. Au point de vue politique comme au point de vue militaire, de tels faits ne laissent pas que d'avoir une certaine importance.

ARMÉE DE MER.

—

§ 1er.

Personnel.

Le personnel de la flotte comptait au 31 janvier 1866 :

2 amiraux : le prince Eugène de Savoie-Carignan ; le comte Charles Persano. — 3 vice-amiraux : le comte François Serra ; le baron Edouard Tholosano ; Jean-Baptiste Albini. — 10 contre-amiraux. — 22 capitaines de vaisseau. — 36 capitaines de frégate. — 60 lieutenants de vaisseau de 1re classe. — 60 lieutenants de vaisseaux de 2e classe. — 150 sous-lieutenants.

Ensemble 273 officiers de vaisseau.

Matelots, machinistes, etc., 11,193 hommes ; ouvriers des ports, 660 hommes.

Troupes de la marine : 2 régiments d'infanterie composés de 192 officiers et 5,688 soldats.

—

Une correspondance de Gênes, en date du commencement d'avril, contenait ce qui suit :

« Le ministère de la marine vient de prendre des dispositions qui indiquent un mouvement extraordinaire.

« L'amiral Persano a été nommé commandant des escadres d'évolutions réunies, et on lui a donné le vice-amiral Albini pour commandant en second.

« Il y a aussi du mouvement dans le matériel de la marine, et l'armement des navires de guerre et de transport est poussé avec activité.

« La frégate *Principessa Clotilda*, qui devait partir pour le Levant, a reçu contre-ordre, et l'on croit qu'elle ira en Angleterre prendre la frégate *Affondatore*.

« Les travaux d'appropriation à bord du transport *Washington* pour transformer ce bâtiment en hôpital militaire, sont presque terminés.

« L'ordre pressant a été donné de hâter la levée maritime, de façon à ce que les conseils de levée soient prêts à fonctionner pour le 17 avril.

D'un autre côte, on lisait dans le journal de Naples *l'Italia* (n° du 13 avril) :

« Notre amirauté continue à recevoir des ordres du ministère de la marine pour tenir prêt tout ce qui est nécessaire à l'armement des navires disponibles.

« Dans l'arsenal, on travaille activement à préparer le matériel.

« Sur le *Comte Cavour* doivent, paraît-il, s'embarquer les guides qui se trouvent actuellement à Caserte.

« La concentration de troupes entre Capoue et Naples continue. Hier, un bataillon du 66e de ligne est arrivé dans notre ville.

« Ces jours-ci, cinq convois de fusils sont partis par la voie de terre, escortés par divers détachements. Ces armes serviront aussi pour les hommes de 2e catégorie.

« L'ordre a été donné de préparer tous les objets d'équipement et d'habillement pour les hommes de la levée de 1855.

« Aujourd'hui, le poste de 12 hommes de troupe, placé temporairement à l'Université, a été retiré. »

Les ordres, en effet, étaient si pressants et ont été exécutés avec une promptitude telle qu'au 15 mai, la flotte tout entière était sur pied de guerre, et qu'elle se mettait en route pour prendre position sur les côtes de Dalmatie.

§ II.

Matériel.

BATIMENTS CUIRASSÉS A HÉLICE.

6 frégates de 1er rang, — 7 frégates de 2e rang, — 2 corvettes, — 2 canonnières de 1re classe, — 4 canonnières de 2e classe, — 2 batteries flottantes.

Total : 23 bâtiments cuirassés, portant 448 canons et ayant une force de 8,248 chevaux.

BATIMENTS A HÉLICE.

8 frégates de 1er rang, — 1 frégate de 2e rang, — 3 corvettes de 1er rang, — 3 corvettes de 2e rang, — 5 canonnières de 1re classe, — 12 transports.

Total : 32 bâtiments à hélice, ayant une force de 9,330 chevaux, et portant 568 canons.

BATIMENTS A AUBES.

3 corvettes de 1er rang, — 7 corvettes de 2e rang, — 4 corvettes de 3e rang, — 2 avisos de 1re classe, — 9 avisos de 2e classe, dont 2 en fer, — 11 transports.

Total : 36 bâtiments, 130 canons, 7,898 chevaux.

—

BATIMENTS A VOILES.

4 bâtiments portant 42 canons, — 3 transports portant 7 canons, — 3 navires-écoles.

Total : 10 bâtiments à voiles.

En résumé, la marine italienne compte 71 bâtiments de guerre, 1,197 canons, 25,820 chevaux, non compris les navires-écoles *Re galantuomo* et *Montebello*, et 24 bâtiments de transport avec 124 canons et 4,390 chevaux vapeur.

—

PORTS DE L'ITALIE.

Ports de 1re classe : Ancône, Brindisi, Cagliari, Gênes, la Spezzia, Livourne, Messine, Naples, Palerme.

Ports de 2e classe : Baïa, Corte, Cotrone, Gaëte, Goro, Longone, Manfredonia, Marciana, Milazzo, Orecchie di Parco, Nisida, Ponsa, Porto-Ercole, Porto-Ferraio, Porto-Fino, Porto-Venere, Rio Marina, Tortoli-Vada.

Ports de 3e classe : Bari, Bossa, Castellamare, Habia, Casane, Corlini, Gallipoli, Girgenti, Licasa, Marsala, Molfetta, Oneglia, Ortona, Porto-Maurizio, Porto-Torrès, Reggio, Rimini, Salerne, San-Remo, Santa-Venere, Savona, Sinigallia, Syracuse, Tarente, Terranova, Trapani, Via-Reggio.

Avec des ports aussi bien situés et aussi sûrs que le sont la plupart de ceux que nous venons de nommer, une flotte, même de second ordre, comme la marine italienne, peut impunément braver la plus formidable escadre dans la Méditerranée.

RUSSIE

ARMÉE DE TERRE.

TROUPES RÉGULIÈRES EN ACTIVITÉ.

INFANTERIE. (1).

Gardes,	3 divisions,	6 brigades,	12 régiments,	48 bataillons.
Grenadiers,	4 —	8 —	16 —	64 —
Ligne,	40 —	80 —	160 —	640 —
Chasseurs,	» —	» —	» —	4 —
Grenadiers,	» —	» —,	» —	4 —
Ligne,	» —	» —	» —	37 —

797 bataillons

CAVALERIE (2

Gardes,	2 divisions,	6 brigades,	12 régiments,	60 escadrons.
Ligne,	8 —	23 —	46 —	230 —

290 escadrons.

(1) 1 bataillon d'infanterie compte 900 hommes; 1 bataillon de tirailleurs, 720 hommes; un bataillon d'infanterie est composé de 5 compagnies à 180 hommes chacune: 1 bataillon de tirailleurs est composé de 4 compagnies à 180 hommes. L'effectif de paix réduit aux cadres est de 320 hommes par bataillons. La force totale de l'infanterie russe sur pied de guerre doit compter 637,200 hommes, avec 31,680 tirailleurs, ensemble 688,880 hommes.

(2) La première division de la cavalerie de la garde se compose de 4 régiments de cuirassiers, de 2 régiments de cosaques, d'un demi-escadron de gendarmes et d'un escadron de la garde du corps (noblesse circassienne).

La seconde division compte 2 régiments de dragons, 2 de lanciers et 2 de hussards.

ARTILLERIE (1).

Gardes,	3 brigades,	9 batteries.
Grenadiers	4 —	12 —
Ligne,	40 —	120 —
Artillerie montée,	7 —	21 —
— de parc,	7 —	21 —

163 batteries.

GÉNIE (2).

10 bataillons. — 44 compagnies.

—

TROUPES RÉGULIÈRES, SÉDENTAIRES OU DE DÉPÔT.

Ces sortes de troupes se divisent ainsi (3) :

1° Troupes dites de réserve : — 70 bataillons d'infanterie ; — 10 bataillons de tirailleurs ; — 32 divisions de cavalerie à 2 escadrons ; — 4 brigades d'artillerie ; — 2 brigades d'artillerie à cheval ; — 3 bataillons de sapeurs.

Ces troupes forment les cadres destinés à recevoir, à équiper et à instruire les recrues. Leur rôle se borne donc à compléter les cadres de l'armée active en temps de guerre.

2° Régiments, bataillons et détachements de réserve : total 8 régiments et 3 bataillons de forteresse spéciaux ; bataillons de ligne destinés à la surveillance des frontières d'Asie et de Sibérie.

3° Bataillons provinciaux, détachements de districts, spécialement chargés du service de garnison dans les villes :

Les 7 premières divisions de cavalerie de la ligne se composent chacune de 6 régiments, dont 2 régiments de dragons, 2 de lanciers, 2 de hussards.

La 8e division, dite du Caucase, compte 4 régiments de dragons.

Au total, on compte 4 régiments de cuirassiers de la garde, 20 régiments de dragons, dont 2 de la garde, 2 régiments de cosaques de la garde.

L'effectif de ces régiments est de 5 escadrons chacun ; l'escadron compte de 170 à 180 hommes.

Le total de la cavalerie régulière est d'environ 50,000 hommes.

(1) Les 7 brigades d'artillerie sont attachées aux 7 divisions de cavalerie. La garde a, en outre, 2 batteries montées et 1 batterie de cosaques. La batterie est de 8 pièces.

Troupes. . .	49,000 hommes.
Canons. . . .	1,336.

(2) Le bataillon a un effectif de 900 hommes en temps de guerre, et de 600 hommes en temps de paix.

Il y a, en outre, 6 demi-bataillons de pontonniers à 2 compagnies. Le demi-bataillon a, en temps de guerre, 300 hommes ; en temps de paix, 800 hommes.

(3) D'après un rapport du ministre de la guerre russe, du 25 août 1864

16 bataillons, — 2 demi-bataillons.

4° Détachements d'étapes destinés à escorter les détenus et les condamnés.

La force totale des quatre catégories de ces troupes peut être évaluée à 150,000 hommes.

—

TROUPES IRRÉGULIÈRES.

Les troupes irrégulières sont formées en régiments et en *sotnias*, qui forment des sections de 100 hommes.

Voici ces régiments :

Corps du Don, 58 régiments, 112 canons; — corps du Kouban, 12 régiments, 24 canons; — corps du Terek. 19 régiments, 48 canons ; — corps d'Azoff, transféré au Caucase, effectif inconnu ; — corps d'Astrakan, 3 régiments; — corps d'Orenbourg, 12 régiments; — corps de l'Oural, 12 régiments; — corps des Cosaques de Sibérie, 10 régiments; — corps de l'Amour (Transbaïkalien), 6 régiments.

Le corps des Baschkirs, ainsi que celui de la Nouvelle-Russie, sont licenciés depuis peu.

Les troupes irrégulières forment en tout 126 régiments, 24 batteries et 200 pièces d'artillerie.

Trois nouveaux régiments de cosaques sont en voie de formation dans la petite Russie. Aux termes d'un ukase du 24 mai 1863, ces trois corps doivent avoir chacun un effectif de 25 officiers, 997 sous-officiers et cosaques.

Au 1er janvier 1863, l'armée russe comptait 812,000 hommes.

Pendant la dernière insurrection polonaise, elle fut portée, par la mise sur pied des réserves, à 1,100,000 hommes.

La force de l'armée russe sur pied d'activité est aujourd'hui de 805,000 hommes, officiers compris, et 82,000 chevaux.

—

Le budget de la guerre, pour 1866, s'élève à 116,389,000 roubles 65 copecks (le rouble équivaut à environ 3 fr. 50 de notre monnaie.)

ARMEE DE MER.

—

§ 1er.

Personnel.

Amiral général de la flotte : le grand-duc Constantin.

Commandant de la flotte de la Baltique : le vice-amiral E. de Behrens.

Commandants d'escadre : les contre amiraux A. Zarine ; N. Akouloff ; Tobiesca ; Eudogouroff ; Kern ; Lessowsky.

Escadre de la mer Noire : le contre-amiral N. Duhamel.

Escadre de la mer Caspienne : le contre-amiral Mirioukoff.

Flottille et ports de l'Océan oriental : le contre-amiral de Furubyelm.

Nous n'avons pu nous procurer des renseignements exacts sur l'état des officiers de la flotte russe, non plus que le chiffre certain des matelots, mécaniciens, etc.

———

§ 2.

Matériel naval.

En ce qui concerne le matériel, voici ce que nous mandait de Cronstadt un correspondant digne de foi :

Au 1er juillet 1862, le matériel de la flotte russe se composait de :

BATIMENTS A VAPEUR.

9 vaisseaux à hélice, — 12 frégates à hélice, — 8 frégates à aubes, — 22 corvettes à aubes, — 12 clippers à aubes, — 1 batterie flottante cuirassée, — 1 chaloupe cuirassée, — 79 chaloupes canonnières, — 2 yachts, — 25 schooners, — 9 transports, — 68 petits vapeurs à aubes.

Total des bâtiments à vapeur : 248 bâtiments, d'une force de 37,000 chevaux vapeur, portant 2,387 canons.

—

BATIMENTS A VOILES.

9 vaisseaux de ligne, — 5 frégates, — 3 corvettes, — 3 bricks, — 13 schooners, — 2 chaloupes canonnières à rames, — 2 tenders, — 13 transports, — 12 yachts.

Ces 62 bâtiments à voiles portaient 1,304 canons.

Il y avait, en outre, trois docks flottants, et environ 300 bâtiments pour le service des ports.

Depuis 1862, les renseignements authentiques manquent en ce qui concerne la construction de nouveaux bâtiments.

D'après notre correspondant, on aurait construit, sur les chantiers de Cronstadt et devant Pétersbourg, un certain nombre de vaisseaux cuirassés, actuellement en position d'être tous armés. On parle, notamment, de 2 frégates cuirassées, d'une force de 400 chevaux chacune, et portant 28 canons ; 3 batteries cuirassées, d'une force de 300 chevaux, avec 26 canons chacune ; 12 monitors, d'une force de 160 chevaux.

Il y aurait ainsi, à Cronstadt, une escadre cuirassée toute prête de 17 bâtiments cuirassés de récente construction, et armés de 160 canons environ.

On presserait, toujours d'après notre correspondant, l'achèvement de 16 autres bâtiments cuirassés, parmi lesquels figurent un vaisseau à 2 tourelles (1), 10 autres vaisseaux à une tourelle.

C'est un constructeur anglais, la maison Mitchell et Cⁱᵉ, qui a été

(1) *Le Pojarski*, c'est le nom de ce cuirassé, mesurera 80 pieds de long, 49 de large et 31 de creux. Il sera blindé de bout en bout avec des plaques de 4 pouces et demi d'épaisseur s'étendant à 5 pieds sous l'eau et 6 pieds au-dessus de la ligne de flottaison. L'armement sera placé dans un réduit central occupant une longueur de 80 pieds et se composera de 8 pièces en acier du calibre de 300. Les machines seront de la force de 300 chevaux.

chargé de construire sur place ce matériel naval considérable, qui placera la Russie en un bon rang parmi les puissances maritimes de premier ordre.

Que penserait le peuple anglais si un jour, qui peut être prochain, cette flotte russe toute et conçue construite par des mains anglaises sur les types anglais, venait jusque dans la Manche prendre une revanche des insolences britanniques de 1854?

Qui rirait alors? sans aucun doute, le peuple français.

Nous avons construit, il est vrai, des cuirassés pour le compte de nations étrangères, en particulier pour l'Italie, — mais les Italiens sont et demeureront nos amis.

Les Anglais, eux, ont édifié, pour le compte de la Russie, leur implacable et éternelle rivale, du moins tant qu'il y aura un empire turc, une ville qui s'appelle Constantinople, une mer qui s'appelle la mer Noire, ils ont, disons-nous, improvisé à la Russie une flotte cuirassée pour le moins aussi forte que la leur. A vrai dire, les Anglais sont des marchands. Qui vivra paiera.

Et les Russes, se tournant vers nous, ont raison de s'écrier :

Risum teneatis....

ESPAGNE

ARMÉE DE TERRE.

8 capitaines-généraux maréchaux : le roi; l'infant don Sébastien ; Espartero, duc de la Victoire; Narvaez, duc de Valence; de la Concha, marquis del Duero; O'Donnel, duc de Tetuan; Serrano, duc de la Torre ; et le duc de Montpensier.

62 lieutenants généraux. — 114 maréchaux de camp, 19 de la réserve, — 281 brigadiers ou généraux de brigade, 72 de la réserve.

Le corps d'état-major compte 3 brigadiers, — 9 colonels, — 12 lieutenants colonels, — 25 commandants, — 60 capitaines, — 40 lieutenants. — Ensemble : 149 officiers.

INFANTERIE.

Hallebardiers : 13 officiers, 219 sous-officiers et soldats, — 40 regiments de ligne à 2 bataillons, — 1 regiment fixe de Ceuta, de 3 bataillons, — 20 bataillons de chasseurs, — Ensemble : 5,972 officiers, 169,972 soldats.

CAVALERIE.

Ecole générale de cavalerie, 370 hommes, — 4 régiments de carabiniers, — 4 régiments de cuirassiers, — 6 régiments de lanciers, — 4 régiments de chasseurs, — 2 régiments de hussards.

Chacun de ces régiments compte 5 escadrons à 520, dont 1 de dépôt pour les remontes.

1 escadron de chasseurs, — 4 établissements pour les remontes.

Au total : 1,024 officiers, 15,800 hommes et 15,900 chevaux.

—

ARTILLERIE.

5 régiments d'artillerie à pied, — 4 brigades montées, dont 2 brigades de montagne, 2 brigades à cheval, — 5 brigades fixes à pied.

Au total, l'artillerie compte 717 officiers, 11,940 hommes et 3,000 chevaux.

—

GÉNIE.

Le génie se compose de 14 directions, 2 régiments et 2 bataillons; soit : 256 officiers, 3,760 soldats.

Gendarmerie (guardia civil) : 454 officiers, 12,500 hommes, 1,500 chevaux.

6 bataillons de *provinciales*. — 3 sections et 17 compagnies d'artillerie, formant ensemble un effectif de 225 officiers, 7,104 sous-officiers et soldats.

Corps de carabiniers : 499 officiers, 11,285 hommes, 1,200 chevaux.

Corps de la Catalogne : 16 officiers, 300 hommes.

En somme l'armée de terre compte 9,207 officiers de tous grades, 227,098 sous-officiers et soldats, et 21,600 chevaux.

La réserve est constituée sous la forme de 80 bataillons provinciaux. L'effectif de ces bataillons est compris dans celui de l'infanterie dont nous avons donné plus haut les chiffres.

Nous empruntons à un discours prononcé par le maréchal O'Donnel, dans la séance du Sénat du 23 avril 1860, quelques indications caractéristiques sur l'organisation de l'armée espagnole. En voici les principaux passages :

« M. Corradi a prétendu qu'il suffirait en Espagne d'une armée de 30 à 60,000 hommes. Les armées permanentes sont au jourd'hui, il faut bien le reconnaître, absolument indispensables en présence des éléments armés vraiment colossaux qu'a réunis l'Europe, convertie de nos jours en un vaste camp de plus de 3 millions d'hommes, et c'est en face de ces armements que l'on articule le besoin d'économie, de manière à réduire l'armée à 30,000 hommes. M. Corradi a semblé insinuer que l'armée espagnole ne serait pas pourvue de bons officiers s'il fallait entrer en campagne. Qu'il me permette de lui dire que, si la défense de la patrie venait à l'exiger demain, nous reparaîtrions sur les champs de bataille, et de très dignes généraux sauraient parfaitement, sinon vaincre, du moins amener dans nos rangs toutes les probabilités et chances de la victoire, en maintenant très-haut l'honneur de notre nation et de son armée.

« M. Calonge a émis, d'un autre côté, une opinion bien différente de celle formulée par M. Coviadi ; suivant lui, le chiffre de 85,000 hommes pour l'armée permanente d'Espagne est insuffisant, et le ministère assumerait une grande responsabilité en ne demandant pas un plus grand nombre de soldats. Je conviens que le grand nombre d'officiers de notre armée introduits dans les cadres par suite de vicissitudes politiques et de guerres civiles aurait besoin d'être réformé ; mais de telles réformes ne sauraient être improvisées. Notre artillerie peut être placée en regard de la meilleure artillerie de l'Europe ; nous avons une cavalerie proportionnée aux besoins et à la situation topographique du pays. Nous nous acheminons à la distribution des troupes en brigades, divisions et corps d'armée, comme le désire M. Calonge. On peut qualifier ainsi les corps d'armée de Barcelone et d'autres points. Seulement ils sont sous les ordres de capitaines-généraux au lieu d'être sous les ordres de commandants généraux, mais peu importe le nom. Quant aux camps, il est évident que nous ne pouvons pas en Espagne y concentrer beaucoup de monde, attendu le besoin de conserver les garnisons. Dans nos parcs, il se trouve de 120 à 140,000 fusils des meilleurs de l'Europe ; chacun vaut 15 à 17 piastres. En cas de guerre nous avons de quoi armer nos réserves, et nous serions en position de commencer la lutte dans des conditions favorables. Sans doute l'organisation de la réserve n'est pas parfaite. Pourquoi ? Parce qu'il est de toute impossibilité que le soldat qui est dans ses foyers depuis trois ans ou plus, puisse, quand il est rappelé, réunir les mêmes qualités militaires que celui qui est resté constamment sous les drapeaux.

« La question de la réserve est un problème qui n'a pas encore été résolu, même par la Prusse, réputée le modèle de la perfection en ce genre. La réserve ne pourra donc s'organiser qu'aux dépens de l'armée et en l'affaiblissant. L'armée piémontaise, à Novare, a parfaitement reconnu, pour son malheur, les inconvénients de ce système. L'armée doit avoir une réserve à côté ; elle peut laisser dans ses foyers, avec congé temporaire, un certain nombre de soldats en proportion avec le chiffre de la masse de l'armée. Ces soldats, à l'expiration de leur congé semestriel, rentrent dans les rangs, et alors il n'y a pas de différence entre soldats et soldats. On ne peut pas agir différemment, et le fait est que depuis 1855, époque à laquelle a été organisée la réserve, aucun ministre n'a modifié cette organisation. Quant au chiffre de 85,000 hommes, je l'ai demandé, le trouvant suffisant pour répondre du maintien de l'ordre public à l'intérieur, et pour maintenir les cadres organisés de manière à recevoir les augmentations que pourraient nécessiter les éventualités extérieures, en conservant en même temps les armes spéciales. »

Le chiffre de 85.000 dont il est question dans cette harangue se rapporte au contingent annuel.

—

L'Espagne entretient dans ses possessions d'outre-mer un état militaire spécial ainsi constitué :

Cuba.

VÉTÉRANS.

8 régiments à 2 bataillons, chaque bataillon à 2 compagnies; 3 bataillons légers de 8 compagnies. — 1 régiment de deux brigades d'artillerie à pied de 5 batteries chacune; — 1 brigade de 5 batteries de montagne; — 1 compagnie d'ouvriers.

—

CAVALERIE.

2 régiments de lanciers, — 1 bataillon d'ingénieurs, — 1 section de gardes civiles, formée de 6 compagnies d'infanterie et de 2 escadrons de cavalerie.

—

MILICES.

1 régiment d'infanterie, à la Havane. — 1 bataillon à Cuba, — 1 bataillon à Puerto-Principe, — 1 bataillon à Cuatro-Villas. — 1 régiment de cavalerie à Matanzas, — 8 escadrons ruraux de Fernando VI, — 4 compagnies de cavalerie à Cuba; — 1 compagnie à Puerto-Principe, — 8 compagnies à Cuatro-Villas.

—

MILICES DE COULEUR.

2 sections formant 16 compagnies.

—

Porto-Rico.

VÉTÉRANS.

3 bataillons d'infanterie, — 2 bataillons de chasseurs, — 1 brigade d'artillerie à pied à 4 compagnies, — 1 section de cavalerie, — 4 compagnies d'ingénieurs.

—

MILICES.

7 bataillons d'infanterie, — 1 régiment de cavalerie de 9 compagnies, — 1 régiment de volontaires.

Iles Philippines.

Vétérans.

10 régiments d'infanterie, — 1 régiment de cavalerie (lanciers), — 4 brigades d'artillerie avec 7 batteries chacune, dont une montée et une de montagne, — 1 compagnie d'ouvriers.

Milice de Manille.

4 compagnies.

ARMÉE DE MER.

---

§ 1er.

Personnel.

Capitaines-généraux de la flotte : François Armero y Penaranda; — Casimir Vigodet y Garnica.

Lieutenants-généraux : Santa-Cruz y Blasco, Bustillo, Martinez, Henri de Bourbon, infant d'Espagne, Apodaca, De Quesada, Halcon, Estrada, Cegobieu, José Maria de Quesada, Mallen, Diaz de Herrera, Guttierrez de Rubalcava.

Chefs d'escadre : Ibarra y Autran, Hernandez Pinzon, Montojo, Pavia y Pavia, Alarcon, De Dios Ramos Isquierdo, Jorganez y Pardo, Osorio y Mallen, Chacon, Tavern y Nuñez, Garcia de Quesada, Pery, Saliva.

Le personnel actif comprend, en outre, 1,121 officiers de tous grades, 189 comptables, 136 mécaniciens et 15,000 matelots.

Pied de guerre : 25,000 matelots.

2 régiments d'infanterie de marine : effectif, 8,000 hommes; —

§ II.

Matériel naval.

BATIMENTS CUIRASSÉS.

8 frégates cuirassées à hélice : Navas de Tolosa, Numancia, Villa de Madrid, la Blanca, Tetuan, Principe Alfonso, Conception, Principe de Asturias. — Ensemble : 5,400 chevaux-vapeur et 260 canons.

1 corvette cuirassée : Gerona, 10 canons.

BATIMENTS A HÉLICE.

13 frégates, dont 5 de 50 canons, 4 de 42, 3 de 38, et 1 de 40 canons. — Ensemble, 536 canons.

26 goëlettes, dont 14 de 3 canons et 12 de 2 canons. — Ensemble, 66 canons.

18 chaloupes canonnières, dont 16 de 1 canon, et 2 sans canon. — Total, 16 canons.

9 transports à vapeur.

BATIMENTS A ROUES.

3 vapeurs de 16 canons chacun, — 48 canons.
10   —   8 de 8 et 2 de 2 canons, — 68 canons.
10   —   8 de 2 et 2 de 1 canon, — 18 canons.

BATIMENTS A VOILES.

2 bâtiments à voiles de deuxième classe, de 16 canons chacun. — Ensemble 32 canons.

3 bâtiments à voiles, de troisième classe, 2 de 16 canons et 1 de 7 canons; — 39 canons. — 7 transports.

BATIMENTS NON CLASSÉS.

3 vaisseaux-pontons.

5 vaisseaux-écoles : 1 de 6 canons, 1 de 84, 1 de 12 et 2 de 30 canons. — Ensemble : 272 canons.

3 bâtiments pour la commission hydrographique : 1 de 5 canons, 1 de 4 et 1 de 2 canons. — Ensemble : 11 canons.

Total général : 120 bâtiments armés d'environ 1,300 canons.

PORTUGAL

—

ARMEE DE TERRE.

—

1 maréchal-général : le roi Ferdinand.

2 maréchaux d'armée : duc de Saldanha, le comte da Ponte de Santa-Maria.

11 généraux de division : le vicomte de Tavira, le comte de Campanhà, le marquis de Sà da Bandeira, le vicomte de Leiria, le comte da Foz, da Silvo Costa, de Pina Freira da Fonseca, le baron da Monte-Brasil, le vicomte de Bestos, le comte de Mello, le comte de Torres Novas.

24 généraux de brigade.

34 officiers du corps d'état-major.

—

INFANTERIE.

18 régiments à 8 compagnies, en temps de paix, 576 offic., 15,102 h.

18 régiments à 12 compagnies, en temps de guerre.

9 bataillons de chasseurs, à 8 compagnies, 279 offic., 6,255 hommes.

3 bataillons de chasseurs à 6 compagnies (pied de paix), à 8 compagnies (pied de guerre), 75 officiers, 1,959 hommes.

Au total : pied de paix, 830 officiers, 23,316 hommes de troupe.

Pied de guerre : 1,696 officiers, 57,432 hommes.

—

CAVALERIE.

2 régiments de lanciers.

6 régiments de chasseurs à 6 compagnies, pied de paix, et à 8 compagnies, pied de guerre.

Pied de paix, 224 officiers, 3,184 hommes de troupe.
Pied de guerre, 376 officiers, 5,072 hommes de troupe.

—

ARTILLERIE.

Etat-major, 47 officiers.

1 régiment de campagne à 6 batteries, 24 canons, 34 officiers, 632 hommes. Sur pied de guerre, 36 canons.

3 régiments de garnison, 21 compagnies, 6 batteries de montagne et 3 batteries montées (18 canons), 108 officiers, 2,022 hommes.

3 compagnies de garnison dans les îles, 12 officiers, 360 hommes.

Pied de paix : 201 officiers, 3,014 hommes de troupes.
Pied de guerre : 271 officiers, 4,940 hommes de troupe.

—

GÉNIE.

Etat-major : 68 officiers; 1 bataillon à 4 compagnies, à 6 compagnies sur pied de guerre.

12 médecins supérieurs, 3 subalternes, 126 aides.

Total des troupes actives : 1,512 offic., 30,128 hommes, pied de paix, 2,408 offic., 68,450 hommes, pied de guerre.

Gardes municipales, 56 officiers, 1,634 hommes.
Vétérans, 34 officiers, 2,699 hommes.
Etat-major des places et des colonies, 204 officiers.

—

ARMÉE DE MER.

—

§ 1er.

Personnel.

1 amiral : le vicomte de Ribamar, — 1 chef d'escadre (contre-amiral), Antonio Richard Graça, — 1 major-général de la marine : le vi-

comte de Soares Franco, — 4 chefs de division, — 10 capitaines de vaisseau, — 20 capitaines de frégate, — 30 capitaines-lieutenants, — 150 lieutenants.

Total : 217 officiers. Le personnel embarqué, en 1865, montait à 3,311 matelots.

—

§ II.

Matériel naval.

1 vaisseau de 74 canons, — 1 frégate de 50 canons, — 3 corvettes de 40 canons, — 1 brick de 12 canons, — 3 schooners, 12 canons, — 3 yachts, 8 canons, — 2 chaloupes canonnières, 7 canons, — 7 corvettes à vapeur, 100 canons, — 11 vapeurs, 50 canons, — 3 transports, 6 canons.

Ensemble : 37 bâtiments armés de 360 canons.

Pas de bâtiments cuirassés.

HOLLANDE

ARMÉE DE TERRE (EUROPE).

—

1 feld-maréchal : le prince Frédéric des Pays-Bas. — 1 général d'infanterie : Guillaume, prince d'Orange. — 3 lieutenants généraux : le baron Nepveu; Duycker; Stenerwald.

—

COMMANDEMENTS MILITAIRES.

1er commandement (Bois le Duc) : le major-général van Duyn van Maasdam.

2e commandement (Arnheim) : le major-général Happé.

3e commandement (La Haye) : le major-général Wilbremminck.

4e commandement (Utrecht) : le major-général Engelbregt.

5e commandement (Flessingue) : le major-général Van Hoey Schilthouwa.

6e commandement (Groningue) : le major-général Van Wickerwoort Crommelin.

7e commandement (Maestricht) : le major-général Knoop.

Effectifs.

Etat-major général et administration militaire,	217 officiers.	
Etat-major, infanterie,	25 —	
1 régiment de grenadiers et chasseurs,	105 —	3,877 soldats.
8 régiments de ligne à 4 bataillons, à 5 compagnies et 1 de dépôt,	728 —	38,632 —
1 bataillon d'instruction à 4 compagnies,	28 —	549 —
Dépôt de discipline à 2 compagnies,	11 —	44 —
Dépôt de recrutement pour les colonies,	14 —	91 —
	—	

CAVALERIE.

Etat-major,	7 —	» —
4 régiments de dragons à 4 escadrons, 1 de dépôt,	140 —	3,484 —
1 régiment de dragons à 5 escadrons, 1 de dépôt,	38 —	1,036 —
	—	

GÉNIE.

1 bataillon, 3 compagnies,	109 —	838 —
	—	

ARTILLERIE.

Etat-major,	70 —	158 —
1 régiment de campagne, plus 11 compagnies, 1 de dépôt et 2 du train formant 11 batteries de 8 pièces,	83 —	2,744 —
3 régiments de forteresse, chaque régiment à 13 compagnies et 1 de dépôt,	204 —	6,195 —
1 régiment d'artillerie à cheval (4 compagnies de campagne, 1 de dépôt, servant 4 batteries de 8 pièces),	31 —	716 —
Pontonniers,	12 —	316 —
1 compagnie d'instruction,	5 —	207 —
2 divisions de maréchaussée,	10 —	362 —

1,837 officiers. 59,249 soldats.

Force de l'armée européenne : 61,087 hommes.

L'effectif de l'armée des Indes s'élève à 24,541 hommes d'infanterie, 2,825 hommes d'artillerie, 624 hommes de cavalerie, 937 hommes de sapeurs du génie, 1,264 officiers.

Ensemble . 28,928 hommes.

ARMÉE DE MER.

§ Ier.

Personnel.

1 amiral de la flotte : le prince Frédéric des Pays-Bas; 3 lieutenants-amiraux : le prince Henri des Pays-Bas; Guillaume, prince d'Orange; E. Lucas, chancelier des ordres néerlandais; 1 vice-amiral : J. May; 4 contre-amiraux : De Vries; Fabius; Pels-Rycken; Clarkson.

20 capitaines de vaisseau, 40 capitaines-lieutenants, 322 lieutenants, 162 aspirants; 89 médecins, 19 élèves-médecins; 74 officiers d'administration et 48 élèves.

La force active des équipages est de 5,923 hommes, non compris 800 indigènes embarqués sur les bâtiments de la station des Indes orientales.

Le corps d'infanterie de marine compte : 45 officiers et 1914 sous-officiers et soldats; le cadre en comporte 2,105.

§ II.

Matériel naval.

BATIMENTS A HÉLICE.

	Canons.	Chevaux.
4 frégates de 45 à 51 canons, ensemble	198	1,550
1 batterie flottante.	15	400
2 corvettes, ensemble	38	200
1 corvette de transport.	26	250
1 bélier.	4	400
8 corvettes de 1re classe de 16 à 20 canons, ensemble	136	2,700
4 — de 2e classe de 6 à 14 canons, —	40	860
7 — de 3e classe de 8 canons, —	36	814
18 — de 4e classe de 8 à 10 canons, —	176	1,450
2 vapeurs de 8 canons chacun.	16	120
2 chaloupes canonnières cuirassées.	4	160
11 avisos de 1 à 8 canons, ensemble.	60	2,200
61 bâtiments à vapeur.	799	11,204

BATIMENTS A VOILES.

Canons.

	Canons.
5 batteries flottantes de 26 à 32 canons, ensemble	146
2 vaisseaux de ligne de 74 canons chacun.	148
3 frégates de 1re classe de 54 à 60 canons chacune.	174
3 — de 2e classe de 44 canons —	132
4 corvettes de 1re classe de 22 à 32 canons. ensemble	104
3 — de 2e classe, de 12 à 20 canons.	42
5 bricks de 12 à 18 canons, ensemble	78
2 bricks-goëlettes de 6 et 10 canons, ensemble	16
2 schooners de 1 et 3 canons. —	4
1 corvette transport.	18
14 navires de port et d'écoles. ensemble	92
44 bâtiments.	**954**

Récapitulation : 61 bâtiments à vapeur,   799 canons.
            44   —   à voiles,   954 —

Ensemble. . 105 bâtiments,   1,753 canons.

SUÈDE ET NORWÉGE

—

Le royaume de Suède et celui de Norwége sont régis par un même pacte fédératif : le roi réside en Suède. Il y a en Norwége une régence composée d'un conseil d'Etat et d'un gouverneur général qui administrent et gouvernent le royaume par délégation du roi. Chaque royaume a une force militaire distincte.

—

I° SUÈDE

—

ARMÉE DE TERRE.

Commandant en chef : le chef du département de la guerre, major général de Reuterskyold.

Lieutenants-généraux : le prince Oscar, duc d'*Ostrogothie*; Ch. d'Akrell; Ch. Meijer; de Silfverstolpe et comte de Stedingk.

Grand maître de l'artillerie : le major général baron Wrede.

Inspecteur général des fortifications et chef du génie : le major général de Kleen.

Inspecteur de la cavalerie : le major général Sandels.

—

INFANTERIE.

2 regiments de la garde, 4 bataillons, 8 compagnies, 1,800 h.
Troupes de conscription (1), 70,930 hommes.
Milice de Gothie (2), 8,300 hommes.

CAVALERIE.

1 régiment de chasseurs (Waërmeand). 6 compagnies; — 1 régiment de la garde à cheval, 4 escadrons, — 1 régiment de hussards (Charles XV), 6 escadrons, ensemble, 4,950 hommes.
Troupes de conscription, 3,760 hommes.

ARTILLERIE.

3 regiments d'artillerie, 3,300 hommes.
Troupes de circonscription, 1,700 hommes.
Génie, 1,180.
Train, 4,667.

La force totale de l'armée de terre suédoise se compose, pour toutes les armes, de 124,807 hommes et de 176 pièces d'artillerie de campagne.

ARMÉE DE MER.

Personnel.

1 amiral, 1 vice-amiral, duc d'Ostrogothie, — 5 contre-amiraux : Annerstedt, Ehnemark, de Lillichook, de Printzenskold et comte de Platen.
287 officiers de tous grades et 9,333 sous-officiers et matelots canonniers, mousses, etc.
25,000 hommes de réserve.

(1) Tout Suédois de 20 à 25 ans est tenu de servir dans les troupes dites de conscription (beværing ou landwehr).
(2) L'île de Gothie a sa milice particulière, qui n'est tenue qu'au service intérieur de l'île. — Elle compte 21 compagnies.

Matériel.

BATIMENTS A VAPEUR.

2 vaisseaux de ligne, 200 chevaux, 144 canons.
1 frégate, 400 chevaux, 22 canons.
5 corvettes, 660 chevaux, 34 canons.
6 chaloupes canonnières (dont 2 cuirassées), 360 chevaux, 12 canons.
2 monitors, 4 canons.
10 chaloupes.

BATIMENTS A VOILES.

5 vaisseaux de ligne, 330 canons.
3 frégates, 104 canons.
4 corvettes, 52 canons.
3 bricks, 28 canons.
13 chaloupes canonnières, 13 canons.

FLOTILLE A RAMES.

24 chaloupes canonnières, 49 bombardes, 92 yoles canonnières, formant ensemble 171 navires et 250 canons.

2° NORWÉGE

ARMÉE DE TERRE.

Infanterie, 15.978 hommes.
Cavalerie, 1.382 hommes.
Artillerie, 2.154 hommes.

    Ensemble et officiers compris. 19.514 hommes.
    La landwehr compte 15.904 —

        Ensemble 35.415 hommes.

Armée suédoise   124,807 hommes.
Armée norwégienne   35,115
—————
Ensemble   159,922 hommes.

C'est donc environ 160,000 hommes que la Suède et la Norwége peuvent avoir sur pied à un moment décisif.

ARMÉE DE MER.

Personnel.

1 contre-amiral, 4 commandants, 20 capitaines, 25 capitaines-lieutenants, 25 lieutenants de vaisseau.

Le cadre des équipages n'est actuellement que de 500 hommes. — Le personnel d'officiers comporterait environ 12,000 hommes.

Matériel.

BATIMENTS A VAPEUR.

2 frégates, 800 chevaux, 82 canons.
3 corvettes, 300 chevaux, 36 canons.
6 chaloupes canonnières, 360 chevaux, 12 canons.
3 remorqueurs, 150 chevaux, 3 canons.

La flotte à voiles compte, en outre, 2 frégates, 2 corvettes, 2 bricks, 2 goëlettes. — Ensemble, 130 canons.

La flottille à voiles ne compte plus que des bâtiments hors de service. Le matériel seul pourra être utilisé dans la nouvelle organisation, dont voici les détails récents :

Nous avons sous les yeux un projet de réorganisation de la marine suédo-norwégienne, élaboré par le ministre actuel de la marine de ce pays, M. le comte de Platen. Voici quelles sont les bases de cette réorganisation, à laquelle ont donné leur entier assentiment les trois ordres des bourgeois, des paysans et du clergé, et qui a été repoussée par la Chambre des nobles. Toutefois, la majorité des ordres s'étant prononcée en faveur du projet en question, le roi y a donné sa sanction. Il a force de loi; il est donc devenu définitif.

Ce projet divise en deux catégories les forces navales de la Suède. Il y aura *une flotte royale* et *une artillerie navale de l'archipel côtier.*

La flotte royale ne comptera qu'un très-petit nombre de bâtiments destinés à montrer dans les mers lointaines le pavillon suédois, pour la protection des intérêts du commerce national. Son rôle sera borné là. Il est dit, en effet, dans le préambule du projet, que les ressources de la Suède ne lui permettent pas d'entretenir une flotte assez considérable pour paraître en ligne avec les grandes puissances maritimes et pour combattre comme autrefois en pleine mer.

L'économie générale du plan de réorganisation de M. le comte de Platen consiste dans l'*artillerie royale de l'archipel côtier*. Destinée à défendre les nombreux archipels et l'embouchure des fleuves, cette artillerie flottante sera placée sur des navires d'un faible tirant d'eau, et mus par la vapeur. En cas de danger d'invasion, cette petite flotte de bateaux plats, merveilleusement adaptée à la géographie maritime du pays, pourrait faciliter les mouvements des troupes dans l'intérieur, et les ravitailler par les lacs et les canaux de jonction.

L'organisation de la flotte côtière devra être achevée le plus promptement possible. Neuf monitors sont jugés nécessaires dans une période de trois ans, à compter du 1er janvier 1866, et ils pourront aisément soutenir la navigation dans toute la Baltique jusqu'à Haparanda, en suivant, sans s'en éloigner, les côtes de la Norwége jusqu'au golfe de Waranger. Cette petite marine garde-côtes est certainement ce qui convient le mieux à la Suède et à la Norwége.

DANEMARCK

—

ARMÉE DE TERRE.

—

Le service commence à 23 ans et dure 8 ans. Le service de la réserve est obligatoire jusqu'à l'âge de 39 ans.

D'après un nouveau plan d'organisation, approuvé par le Ricksrad et publié *in extenso* dans les journaux danois, l'armée a été considérablement réduite; elle doit se composer :

Infanterie : 24 bataillons à 4 compagnies, formant 8 brigades.
Cavalerie : 4 régiments, 1 à 6 et 3 à 4 escadrons.
Artillerie : 8 batteries montées, 2 compagnies à pied, 1 compagnie de train. 1 section d'ouvriers.
Génie : 2 compagnies de pionniers, 1 compagnie de pontonniers.

L'effectif actuel est de 30,000 hommes.

Pied de guerre : 35,000 hommes.

—

ARMÉE DE MER.

—

§ Iᵉʳ.

Personnel.

Le personnel de la marine compte : 1 vice-amiral, 2 contre-amiraux, 15 capitaines de vaisseau, 2 capitaines directeurs des constructions navales, 23 lieutenants capitaines, 82 lieutenants.

Le personnel de la flotte et des chantiers comprend deux divisions formées :

D'un corps d'artillerie,	231 hommes.
D'un corps de matelots,	160 —
D'un corps de calfats,	325 —
D'un corps d'ouvriers,	1,000 —
Et des corps de surveillance,	24 —
Total,	1,740 hommes.

—

§ II.

Matériel flottant.

BATIMENTS A HÉLICE CUIRASSÉS.

3 frégates : Peder Skram, sans canons, 600 chevaux ; Danmark, 26 canons, 500 chevaux ; Dannebrog, 14 canons, 400 chevaux.

1 batterie flottante : Rolf-Krake, 4 canons, 235 chevaux.

—

BATIMENTS A HÉLICE NON CUIRASSÉS.

1 vaisseau de ligne : Skjold, 64 canons, 300 chevaux.

4 frégates : Jylland, 44 canons, 400 chevaux ; Sjalland et Niels Juel, 42 canons, 300 chevaux chacune ; Tordenskjold, 34 canons, 200 chevaux.

3 corvettes : Dagmar, 16 canons, 300 chevaux ; Heimdal, 16 canons, 260 chevaux ; Thor, 12 canons, 260 chevaux.

4 schoonners : Fylla, 3 canons, 150 chevaux ; Diana, 3 canons, 150

chevaux; Absalon, 3 canons, 150 chevaux; Esbern Snare, 2 canons, 100 chevaux.

6 chaloupes canonnières en fer, à 2 canons chacune.

1 chaloupe canonnière à 1 canon.

—

VAPEURS A AUBES.

6 vapeurs : Holher Danske, 7 canons, 260 chevaux; Slesvig, 12 canons, 240 chevaux; Hekla, 7 canons, 200 chevaux; Geiser, 8 canons, 160 chevaux; Skirner, 2 canons, 120 chevaux; Aegir, 2 canons, 80 chevaux.

—

BATIMENTS A VOILES.

2 vaisseaux de ligne, ensemble 168 canons; 1 frégate, de 48 canons; 1 corvette de 20 canons; 1 brick, de 16 canons.

Récapitulation : 4 bâtiments à hélice cuirassés, 25 à hélice ou à aubes non cuirassés, et 5 à voiles, 629 canons.

Il convient, en outre, d'ajouter à ce nombre une frégate caserne, 10 anciennes chaloupes canonnières, 20 chaloupes de transport en fer, 9 prames, un vapeur, et 1 flottille à rames, comprenant 22 chaloupes canonnières et 8 yoles canonnières.

Enfin, d'après le *Berlinske-Tidende* , il y aurait actuellement en construction un vaisseau cuirassé à deux hélices, de 300 chevaux de force, armé de deux canons de 300. La dépense en est évaluée à 890,000 rixdalers, canons compris.

L'effectif de la marine marchande danoise s'élevait, en 1863, à 2,740 navires, jaugeant 69,477 lasts de commerce; sur ce nombre, la marine marchande du Slesvig comptait 1,557 navires, jaugeant 30,918 lasts. La récente guerre du Danemark contre la Prusse et l'Autriche ayant eu pour résultat final la perte du Slesvig au profit de la Prusse, la marine marchande danoise s'est trouvée réduite de plus de moitié.

ANGLETERRE

ARMÉE DE TERRE.

Etat-major général.....	101 offic..			
Artillerie à cheval....	86 —	1,852 hommes,	1,356 chev.	
Gardes-du-corps à cheval................	99 —	1,221 —	825 —	
Cavalerie de la ligne...	578 —	9,432 —	5,889 —	
Artillerie à pied.......	799 —	15,963 —	2,380 —	
Ecole de cavalerie.....	7 —	218 —	122 —	
Ingénieurs.............	400 —	4,292 —	307 —	
Train.................	97 —	1,720 —	926 —	
Garde à pied..........	257 —	5,696 —	» —	
Infanterie de ligne.....	3,940 —	76,634 —	» —	
Corps des infirmiers...	1 —	979 —	» —	
Corps du commissariat.	2 —	600 —	» —	
Régiment des Indes occidentales............	196 —	3,271 —	» —	
Corps de troupes coloniales...............	185 —	3,884 —	450 —	
	6,748 —	125,762 —	12,255 —	

Dépôts des régiments indiens en Grande-Bretagne.

Artillerie à cheval.....	11 offic.	439 hommes,	160 chev.	
Cavalerie.............	44 —	770 —	300 —	
Artillerie à pied.......	25 —	1,412 —	» —	
Infanterie.............	366 —	6,042 —	» —	
	446 —	8,663 —	460 —	

Etablissements de l'armée.

Dépôts de cavalerie....	13 offic.	14 sous-offic.	» chev.
— de l'infanterie...	109 —	116 —	» —
— de recrutement..	34 —	55 —	» —
Ecole d'artillerie.......	» —	78 —	28 —
— du génie........	» —	15 —	» —
— de tir...........	» —	93 —	» —
	156 —	371 —	28 —

Etablissements d'éducation militaire.

Académie de Woolwich.	10 offic.	33 sous-officiers.
Ecole de Sandhurst....	12 —	36 —
— des régiments....	8 —	206 —
	30 —	275 —

Troupes anglaises aux Indes.

Artillerie à cheval.....	201 offic.	2,929 sous-officiers et soldats.
Cavalerie de la ligne...	352 —	5.657 —
Artillerie à pied.......	689 —	10.082 —
Infanterie de la ligne...	2067 —	48,731 —

En résumé, l'armée anglaise en Grande-Bretagne, dans les colonies et aux Indes, s'élève en totalité à 11,050 officiers et à 202,470 sous-officiers et soldats.

55.000 hommes environ de ces troupes sont cantonnés dans la Grande-Bretagne et en Irlande pour le service des garnisons.

Les dépenses pour l'armée régulière figurent au budget de 1866 pour la somme de 239.294,000 fr.

—

AUXILIARY FORCES.

Voici comment se décomposent les effectifs des corps de troupes compris dans cette appellation générique d'auxiliary forces. Il va sans dire que les frais de leur entretien figurent au budget de l'Etat et pour une somme assez ronde.

1° Milices.

Les milices se composent d'hommes enrôlés. Licenciés après avoir été exercés, ils doivent à l'Etat un service de cinq ans, dans les limites du Royaume-Uni, lorsque l'Etat juge à propos de les rappeler sous les armes. En temps de paix, ils sont appelés chaque année pour des exercices qui ne doivent pas durer moins de 21 jours, ni plus de 56 jours. L'équipement et l'armement sont les mêmes que ceux des troupes de ligne. Les cadres de ces milices se composent de 290 officiers, 4,780 sous-officiers et instructeurs. L'effectif des miliciens était au 1er janvier 1866 de 3,507 officiers, 5,462 sous-officiers et 120,000 hommes ; ensemble 128,969 hommes, formant 135 bataillons d'infanterie et 29 escadrons d'artillerie.

Les frais d'entretien des milices figurent au budget de 1866 pour la somme de 786,400 liv. sterl. (Soit en chiffres ronds 19,600,000 fr.)

2° *La yeomanry.*

Autre catégorie de miliciens comptant 46 régiments de cavalerie complétement armés et équipés. Effectif : 14,651 hommes. Durée des exercices annuels, 8 jours; dépense : 91,000 liv. sterl. (2,300,000 fr)

3° *Les volontaires.*

Il y a, en Angleterre, deux catégories de *volontaires* : — ceux qui sont simplement enrôlés, et ceux qui, à la suite d'un examen, sont reconnus *efficients*, autrement dit capables de faire le service. L'examen est fait par des officiers de l'armée régulière des différents armes, — infanterie, cavalerie, artillerie et génie. Les régiments des volontaires appartiennent à ces quatre armes. L'examen est individuel pour tous les hommes et pour tous les grades. Les volontaires simplement enrôlés et qu'on pourrait appeler plus exactement *les surnuméraires*, ne deviennent *efficients* et ne comptent à leurs corps respectifs qu'autant qu'ils ont subi les examens d'une manière satisfaisante. Il y a loin, comme on le voit, de l'organisation des volontaires anglais à l'organisation des gardes nationales de France, où le service est obligatoire et où les hommes ne sont l'objet d'aucun choix de la part des gens du métier.

En 1863, il y avait en Angleterre 163,000 volontaires engagés, dont 114,000 examinés et reconnus *efficients*.

L'effectif de l'année 1865 s'élève à 177,000 enrôlés, dont 134,000 propres au service. Ces chiffres constituent une augmentation en deux ans de 13,000 inscrits et de 20,000 *efficients*. En réalité, les corps des volontaires anglais réunissent aujourd'hui un effectif moyen et permanent de 134,000 hommes, jeunes, intelligents, appartenant pour la plupart aux classes riches, et qui peuvent, en cas de besoin, prêter à l'armée régulière un concours des plus sérieux.

Le chiffre de la dépense pour les volontaires, inscrit au budget de 1866, est de 334,900 liv. sterl., soit 8,372,000 fr.

Le total de la dépense budgétaire pour cette catégorie de forces monte à 20,272,000 fr.

Le régiment des volontaires de la Reine est commandé par lord Grosvenor. Le colonel Erskine est inspecteur général de tous les volontaires du Royaume-Uni. A la suite de l'inspection générale qui a lieu chaque année, on distribue des prix de tir aux volontaires. Les plus nobles dames et les plus hauts personnages politiques et militaires de l'Angleterre assistent à cette cérémonie, qui se fait avec tout l'éclat possible.

Cette année, au mois d'avril, il y a eu à Brighton une grande revue de volontaires accourus de Londres et de divers comtés : Middlesex, Surrey, Essex, Kent, Buckinghamshire, Northamptonshire.

Notre historien Louis Blanc, qui assistait à cette démonstration des volontaires, en a fait un compte-rendu dont voici les principaux passages :

« Chaque année, quand vient le lundi de Pâques, il y a sur ce qu'on nomme les *south-downs* de Brighton une grande revue de volontaires et le simulacre d'une grande bataille. Encore un peu de temps, et cette fête guerrière annuelle aura pris place, en Angleterre, à côté des institutions nationales, telles que les courses d'Epsom.

« L'occasion était favorable pour inviter le prince de Galles : c'est à quoi ont songé l'alderman Martin, maire de Brighton, et les concilmen. L'invitation a été gracieusement acceptée, et voilà comment le futur roi d'Angleterre est venu ici.

« De fait, pour un homme destiné à régner sur le peuple anglais, le spectacle valait la peine d'être contemplé. J'ai vu défiler ces 22,000 volontaires. Ils marchaient, musique en tête, à travers des flots de peuple, d'un pas résolu, la tête haute, le corps droit, en citadins fiers d'être devenus des soldats. A cet aspect le cœur du prince de Galles a dû battre d'une émotion patriotique, et cette émotion a dû être mêlée d'un légitime orgueil, si, lorsqu'il suivait du regard les mouvements et les manœuvres de la bataille simulée, il a, comme je n'en doute pas, songé que la force des volontaires, cette force si rapidement créée, et presque improvisée, comprend, à l'heure qu'il est, 250,000 hommes, 60.000 chevaux et 100 pièces de canon; que cette armée de gentilshommes, d'hommes de lettres, de boutiquiers, d'artisans, est aujourd'hui façonnée à l'art des combats; qu'il suffit de trente heures pour la transporter en chemin de fer sur un point donné, quel qu'il soit, des côtes à défendre, et que, désormais, il est loisible à l'Angleterre de dormir sans rêver d'invasion.

« A trois heures et demie, la bataille étant à son terme, le prince de Galles et son cortége se sont rendus au Pavillon, où les attendait un « luncheon, » qui a fourni à ces messieurs de l'hôtel de ville l'occasion de s'asseoir à une table royale. Honneur prodigieux, qui sera la gloire de leurs descendants à perpétuité!

« Au moment où je trace ces lignes, la cérémonie du jour n'appartient plus qu'au souvenir : les derniers hurrahs ont été poussés; princes et princesses ont repris le chemin de fer; nombre de volontaires sont en route pour regagner leurs foyers; mais la joyeuse agitation continue : on va, on vient; le tambour bat, la musique joue des airs guerriers; et moi, préoccupé de l'idée qu'une fête de ce genre n'a pu naître que d'un sentiment de défiance envers la France, je pense tristement à mon pays. »

Les alarmes de M. Louis Blanc ne sont pas fondées. Les 250,000 volontaires dont il parle comme d'un danger pour la France, sont sans doute des braves, solides au feu, témoin Brighton, mais enfin ils n'envahiront jamais la France. Nous prétendons même que, le cas échéant, le nombre et le courage des *miliciens*, des *volontaires*, des *pensionnaires*, de la réserve, de toutes les armées actives de terre et de mer réunies, ne pourraient sauver l'Angleterre d'une invasion. Mais il ne s'agit de rien de tout cela aujourd'hui. M. Louis Blanc sait bien que les Anglais sont nos amis, lui qui vit dans la libre Angleterre. Nous, qui vivons en France, nous n'oserions pas affirmer que les Français sont les amis des Anglais.

Indépendamment des forces dont nous venons de donner les effectifs, l'Angleterre a organisé dans toutes ses colonies des corps de troupes indigènes. Sans énumérer ces corps en totalité, nous pouvons donner sur quelques-uns d'entre eux des indications certaines.

L'effectif des troupes indigènes dans les trois présidences des Indes peut être évalué à 114,838 hommes, non compris la police indigène, les contingents des princes hindous. Elles sont commandées par des officiers anglais, à l'exception du régiment n° 5, dont les officiers jusqu'aux grades supérieurs sont des Maltais, et du régiment n° 2, dont les officiers sont mi-partie des Maltais, mi-partie des Singhaléses.

5 régiments, dits West-India Régiments, formés d'indigènes de la côte d'Afrique et des Antilles; effectif inconnu.

1 régiment d'indigènes de Ceylan : 79 officiers et 1,295 sous-officiers et soldats.

1 escadron de chasseurs à cheval du cap de Bonne-Espérance, Hottentots et Européens : 28 officiers, 527 sous-officiers et soldats.

Tirailleurs du Canada : 53 officiers, 1,297 sous-officiers et soldats.

Royal Maltese Fencible artillery, miliciens de Malte : 25 officiers, 614 sous-officiers et soldats.

Artillerie africaine, à la Jamaïque, servie par 64 nègres.

Gun Lascars, à Houg-Kong : 88 Malais.

ARMÉE DE MER.

—

§ Ier.

Personnel (1).

3 amiraux de la flotte : — William Parker; Lucius Curtis, et Thomas-John Cochrane.

21 amiraux :

Du Pavillon rouge. — George-Francis Seymour, — William Bowles, — Philipps Hornby, — Augustus-William-James Clifford, — George-Rose Sartorius, — lord Fitzhardinge, — Fairfax Moresby.

Du Pavillon blanc. — Houston Stewart, — Provo-William Parry

(1) D'après *The navy List*, paru en avril 1866.

Wallis, — Henry-John Rous, — William-James Hope Johnstone, — William-Fanshawe Martin, — Henry Ducie Chads, — Henry-John Leeke, — Charle-Howe Fremantle, -- Michael Seymour.

Du Pavillon bleu. — Henry Eden, — James Scott, — Frédéric-William Grey, — Robert-Lambert Baynes, — Alexandre Duntze.

27 vice-amiraux : — Frederick-Thomas Michell, — Thomas Hastings, — Ch.-Ramsay-Drinkwater Bethune, — Ch. Talbot, — Thomas Wren Carter, —Thomas-Sabine Pasley, — lord George Paulet,— lord Edward Russel, — Henry Wolsey Bayfield, — George Grey, — Joseph Nias, — Henry John Codrington, — Thomas Earl of Landerdale, — Robert Smart (commandant en chef dans la Méditerranée),— George-Rodney Mundy, — Henry Keppel, — John Kinglome, — John-Elphinstone Erskine, — James Hope (commandant en chef au nord Amérique et dans l'Inde), — William Ramsay, — Baldwin-Wake Walker, — Alexandre Milne, — lord Clarence-Edward Paget (secrétaire de l'amirauté), — Richard-Laird Waren, — George Elliot, — Sydney-Colpoys, — Dacres, — Lewis-Tobias Jones.

51 contre-amiraux : — Robert Fanshawe Stopford, — Robert-Spencer Robinson, — Thomas-Mathew-Ch Symonds,—Thomas-Leeke Massie, — Edward Belcher, — John Stopford, — Wooford-John Williams, — Augustin-Leopold Kuper, — Charles Eden, — Ch.-Gilbert-John Brydone Elliot (commandant en chef la station d'Amerique), — Joseph Denman (commandant en chef la station du Pacifique), — George-Vincent King (commandant en chef la station navale de Chine), — Edward-Pellew Halsted, — George Goldsmith, — Charles Fréderick, — Henry Kellett, — William-Henry Anderson Morshead, — Richard Collinson, — George Ramsay, — Hastings-Reginald Yelverton (commandant en second dans la Méditerranée), — John Adams, — George-Henry Seymour, — Frédérick Hulton, — William Hutcheon Hall, — George Greville Wellesley, — George Fowler Hastings, — Swinfen-Thomas Carnegie, — Frédéric Warden, — Arthur Lowe, — Edward Gennys Fanshawe, -- Claude-Henry Mason Buckle, — Thomas-Baillie-George Giffard, — Frederick-Wilham Erskine Nicolson, — James-Robert Drummond, — John Lort Stokes, -- Henry Mangles Denham, — Arthur Farbes, — Harry-Edmond Edgell, — Frederick-Henry Hastings Glasse, — Ch.-Gepp Robinson, — George-Thomas Gordon, — Erasmus Ommanney, — Douglas Curry, — George-William Douglas O'Callaghan, — Ch. Wise, — Thomas Pickering Thompson, — Vallace Houstonn, — William-John Cavendish Clifford, — Thomas Fisher, — Thomas Harvey.

300 capitaines de vaisseau, 401 capitaines de frégate (commanders), 737 lieutenants de vaisseau, etc., etc. En résumé, le corps des officiers de la marine royale en service actif comptait 3,987 officiers de tous grades.

D'après une décision de l'Amirauté, toute récente, des réductions seraient opérees dans ces cadres. Ainsi, il n'y aurait plus que 85 officiers généraux de la marine, au lieu de 102. Le nombre des capitaines de vaisseau ne sera t plus que de 250, au lieu de 300. Enfin, une limite d'âge parait avoir été fixee pour chaque grade. Elle serait de 70 ans pour les amiraux, de 68 ans pour les vice amiraux, de 65 ans pour les contre-amiraux, de 60 ans pour les capitaines de vaisseau, de 55 ans pour les capitaines de frégate, et de 50 ans pour les lieutenants. On ne dit pas à partir de quelle époque le nouveau règlement sera exécutoire. En tous cas, on doit tenir pour exacts les chiffres des effectifs des officiers de la marine anglaise relevés plus haut.

—

ÉQUIPAGES.

Matelots embarqués,	34,000 hommes.	
Mousses à bord,	4,000	—
— sur les vaisseaux-écoles,	3,000	—
	41,000 hommes.	

L'Angleterre n'a pas de loi d'inscription maritime, ni de recrutement. Quand elle a à armer sa flotte, elle a recours à cette chose barbare et brutale qui s'appelle *la presse*, et qui consiste à saisir sur les quais, dans les tavernes, n'importe où enfin, des hommes, et ces hommes on les trie, de par le droit de la force, mais toujours au nom de la liberté.

Cet usage draconien ou négrier, c'est ce qui s'intitule la force de la loi en Angleterre, et ce qui tient lieu de notre inscription maritime.

Il faut convenir, toutefois, que lors de la guerre de Crimée, *la presse* ne fut pas appliquée; il en résulta que l'Angleterre ne fut prête pour la guerre que lorsque la guerre fut finie. Les Anglais n'en triomphèrent pas moins, après coup, en faisant manœuvrer à Spithead, cette grande escadre qui devait réduire Cronstadt en cendres! Mais qui riait? les Français un peu, et les Russes beaucoup.

Quoi qu'il en soit, le gouvernement anglais comprit qu'il lui fallait obvier à tant de lenteurs pour la formation de ces équipages de guerre. On ne nous emprunta pas notre système d'inscription maritime, — les Anglais n'empruntent rien à personne. — ils sont eux mêmes en tout; mais on prit des mesures pour créer une réserve navale.

Par un bill de 1858, furent créés 5,500 *gardes-côtes* et 5,000 *volontaires du littoral*. Par un autre bill de 1859, furent organisés 16,200 hommes, sous la dénomination de *réserve royale*. Ce sont donc 29,000 matelots environ que l'Angleterre tient en réserve, et qui, ajoutés à l'effectif naval actif, constituent une force disponible de 70,000 matelots.

Le corps d'infanterie de marine compte 527 officiers et 17,000 hommes de troupe.

—

BATIMENTS CUIRASSÉS A HÉLICE.

Achilles,	26 canons,	1,250 chevaux.	6,120 tonneaux.		
Agincourt,	26	—	160	—	3.4	—
Bellerophon,	16	—	1,000	—	1,270	—
Black-Prince,	41	—	1,250	—	6,150	—
A reporter.	109	—	3,660	—	16,890	—

Report.   109 canons, 3,660 chevaux, 16890 tonneaux.

Caledonia,	31	—	1,040	—	4.125	—
Defence,	16	—	600	—	3,720	—
Erebus,	16	—	200	—	1,954	—
Favorite,	10	—	400	—	2,094	—
Hector,	24	—	800	—	4,089	—
Hercules,	10	—	»	—	»	—
Minotaur,	26	—	1,350	—	6,621	—
Nothumberland,	26	—	1,350	—	6,621	—
Penelope,	10	—	600	—	2,947	—
Prince Albert,	4	—	500	—	2,537	—
Pallas,	6	—	»	—	»	—
Resistance,	22	—	600	—	3,710	—
Royal-Sovereign,	5	—	800	—	5,765	—
Scorpion,	4	—	350	—	1,833	—
Terror,	16	—	200	—	1,971	—
Thunderbolt,	16	—	200	—	1,976	—
Valiant,	24	—	800	—	4,063	—
Viper,	4	—	160	—	737	—
Vixen,	4	—	160	—	734	—
Warrior,	40	—	1,250	—	6,109	—
Waterwitch,	4	—	160	—	778	—
Wivern,	4	—	350	—	1,857	—

26 bâtiments,   431 canons, 15,490 chevaux, 71,151 tonneaux.

§ II.

Matériel naval.

Au 1er janvier 1865, la marine royale de la Grande-Bretagne se composait de 765 bâtiments de toutes classes, dont 193 étaient armés et portaient ensemble 3,936 canons. On ne comptait, dans ce nombre, ni les yachts royaux, ni les navires annexes, ni les canonnières, ni les croiseurs, ni les remorqueurs employés dans les arsenaux. Ces 193 navires armés se répartissaient ainsi qu'il suit :

16 bâtiments de 70 à 104 canons, soit	1,276 canons.
27	—	de 30 à 67	—	—	1,119	—
29	—	de 20 à 29	—	—	638	—
38	—	de 10 à 19	—	—	556	—
83	—	de 1 à 9	—	—	347	—

193 bâtiments.   3,936 canons.

Sur ce nombre, 11 bâtiments étaient cuirassés totalement ou partiellement, et leur armement réuni présentait un ensemble de 216 canons.

Indépendamment de ces 765 bâtiments, il y avait en construction à cette époque 28 navires de toutes classes, dont 4 vaisseaux en fer à hélice, 1 navire cuirassé hydraulique, 2 canonnières en fer et bois à hélices jumelles, et 20 vaisseaux, frégates, corvettes, etc., en bois.

Le nombre des navires désarmés dans le cours de l'année 1865 est de 36, présentant un armement de 670 canons. Les navires armés pendant la même période sont au nombre de 32, présentant un armement de 509 canons. Parmi ces 32 navires figurent 7 cuirassés, savoir : le *Caledonia*, de 31 canons; la *Favourite*, de 10 canons; la *Pallas*, de 6 canons; le *Prince Albert*, de 4 canons; le *Royal Sovereign*, de 5 canons; le *Scorpion*, de 4 canons; et le *Vivern*, de 4 canons.

Au 1er avril 1866, la flotte anglaise se composait de 790 bâtiments, dont 188 étaient armés, non compris les navires appartenant aux mêmes classes que celles qui n'ont pas été comprises dans le relevé de 1865, ci-dessus indiqué. En comprenant ces navires, l'effectif naval roulant de la flotte anglaise s'élèverait au total de 241.

Ces 188 bâtiments armés se répartissent de la manière suivante :

```
16 navires de 70 à  104 canons, soit 1,278 canons.
25    —    de 30 à   67    —      —      952   —
26    —    de 20 à   29    —      —      577   —
38    —    de 10 à   17    —      —      555   —
83    —    de  1 à    9    —      —      330   —
      ________                         ________
188 navires.                           3,692 canons.
```

Ces chiffres constituent une diminution de 214 canons sur le précédent armement. Voici, d'ailleurs, la liste nominative complète de la flotte anglaise au 1er avril 1866 (non compris les bâtiments dits de réserve).

—

Bâtiments à hélice et à roues.

Abonkir, vaisseau à hélice, 86 canons, à la Jamaïque.
Acorn, corvette de dépôt, à Shanghaï.
Aclive, vaisseau-école, 20 canons, à Sunderland.
Atder, annexe à hélice du Cumberland, à Chatham.
Advice, annexe du Hastings, Queenstown.
Agamemnon, vaisseau à hélice, 79 canons, à Portsmouth.
African, fer et bois, à Woolwich.
Alberta, yacht à roues. Portsmouth.
Albion, vaisseau à hélice. 76 canons, Devonport.
Alert, corvette à hélice, 17 canons, dans le Pacifique.
Algerine, chaloupe canonnière en bois, 1 canon, en Chine.
Algiers, vaisseau à hélice, 73 canons, Portsmouth.
Amazon, corvette à hélice, 4 canons, Devonport.

Anson, vaisseau à hélice, 81 canons, Sheerness.
Antelope, chaloupe canonnière en bois, 3 canons. **Woolwich.**
Arethusa, frégate à hélice, 35 canons, dans la Méditerranée.
Argus, corvette à roues, 6 canons, en Chine.
Ariadne, frégate à hélice, 26 canons, Portsmouth.
Arrogant, frégate à hélice, 35 canons, Portsmouth.
Asia, bâtiment école, Portsmouth.
Asp, annexe du Saturne, Pembroke.
Assurance, chaloupe canonnière à hélice, 3 canons, dans la Méditer-
    ranée.
Atlas, vaisseau à hélice, 80 canons, Sheerness.
Aurora, frégate à hélice, 35 canons, Nord-Amérique.
Bacchante, frégate à hélice, 31 canons, Portsmouth.
Bann, chaloupe canonnière à roues, Devonport.
Barracouta, frégate à roues, 6 canons, Sheerness.
Barrosa, corvette à vapeur, 21 canons, en Chine.
Basilisk, corvette à roues, 6 canons, en Chine.
Bee, canonnière mixte, annexe de l'Excellent, Portsmouth.
Black Eagle, yacht à hélice, annexe du Victory, Portsmouth.
Blanche, corvette à hélice, 4 canons, Chatham.
Boscawen, remorqueur, 20 canons, Southampton-Water.
Brilliant, vaisseau école, 16 canons, Dundee.
Brisk, corvette à hélice, 16 canons, Australie.
Bristol, frégate à hélice, 31 canons, côtes d'Afrique.
Britannia, transport, 8 canons, Dartmouth.
Brunswick, vaisseau à hélice, 60 canons, Devonport.
Buffalo, bâtiment magasin, 2 canons, Deptford.
Bulwark, vaisseau à hélice, 81 canons, Chatham.
Bustler, chaloupe canonnière à roues, Woolwich.
Buzzard, corvette à roues, 6 canons, Nord-Amérique.
Cæsar, vaisseau à hélice, 76 canons Portsmouth.
Calmus, corvette à hélice, 21 canons, Nord-Amérique.
Cambridge, vaisseau canonnier, Devonport
Camel, chaloupe canonnière à roues, Jarrow.
Cameleon, corvette à hélice, 17 canons, dans le Pacifique.
Canopus, 8 canons, Devonport.
Caradoc, canonnière à roues, 2 canons, dans la Méditerranée.
Castor, vaisseau-école, 22 canons, North-Shields.
Centurion, vaisseau à hélice, 68 canons, Devonport.
Chabanger, corvette à hélice, 18 canons, Sheerness.
Chanticleer, corvette à hélice, 17 canons, Sheerness.
Charybdis, corvette à hélice, 17 canons, Sheerness.
Chasseur, atelier flottant, Sheerness.
Chesapeake, frégate à hélice, 35 canons, Chatham.
Chester, vapeur, Portsmouth.
Clio, corvette à vapeur, 22 canons, dans le Pacifique.
Collingwood, vaisseau à hélice, 68 canons, Sheerness.
Colossus, vaisseau à hélice, 68 canons, Portsmouth.
Columbine, corvette à vapeur, 4 canons, dans le Pacifique.
Comet, chaloupe canonnière à roues, Portsmouth.
Confiance, chaloupe canonnière à roues, Devonport.
Conqueror, vaisseau à hélice, 76 canons, Sheerness.

Constance, frégate à hélice, 35 canons, Nord-Amérique.
Coquette, chaloupe canonnière à hélice, 4 canons, en Chine.
Cordelia, corvette à hélice, 11 canons, Nord-Amérique.
Cormorant, chaloupe canonnière à hélice, 4 canons, en Chine.
Coromandel, vaisseau à roues, 5 canons, en Chine.
Cossack, corvette à hélice, 20 canons, dans la Méditerranée.
Cressy, vaisseau à hélice, 68 canons, Sheerness.
Cruiser, corvette à hélice, 5 canons, Portsmouth.
Cumberland, vaisseau-école, 24 canons, Sheerness.
Curaçoa, frégate à hélice, 23 canons, Australie.
Cygnet, chaloupe canonnière à hélice, 5 canons, Nord-Amérique.
Dædalus, bâtiment-école, 16 canons, Bristol.
Danaë, corvette à hélice, 4 canons, Portsmouth.
Daphné, corvette à hélice, 4 canons, Pembroke.
Dart, chaloupe canonnière à hélice, 5 canons, Portsmouth.
Dasher, bâtiment à roues, 2 canons, Islande.
Dauntless, frégate à hélice, 31 canons, River-Humber.
Dee, bâtiment-magasin, 1 canon.
Défiance, vaisseau à hélice, 81 canons, Devonport.
Dévastation, corvette à hélice, 6 canons, dans le Pacifique.
Diadem, frégate à hélice, 24 canons, Portsmouth.
Donegal, vaisseau à hélice, 81 canons, Liverpool.
Doris, frégate à hélice, 24 canons, Nord-Amérique.
Dover, canonnière à roues, dans la Gambie.
Dragon, canonnière à roues, à Malte.
Dromedary, bâtiment-magasin, 2 canons, côtes d'Afrique.
Dryad, corvette à hélice, 4 canons, Devonport.
Duke de Wellington, vaisseau à hélice, 49 canons, Portsmouth.
Duncan, vaisseau à hélice, 81 canons, Nord-Amérique.
Eagle, bâtiment-école, 16 canons, Liverpool.
Echo, canonnière à roues, Portsmouth.
Eclipse, chaloupe canonnière à hélice, 4 canons, Australie.
Edgar, vaisseau à hélice, 71 canons, Portsmouth.
Egmont, bâtiment magasin, 4 canons, Rio de Janeiro.
Elfin, yacht à roues, Portsmouth.
Emerald, frégate à hélice, 35 canons, Sheerness.
Enchantress, yacht à roues, 1 canon, Portsmouth.
Endymion, frégate à hélice, 21 canons, Sheerness.
Entreprise, corvette à hélice, 4 canons, dans la Méditerranée.
Esk, corvette à hélice, 21 canons, Australie.
Espoir, chaloupe canonnière à hélice, 5 canons, côtes d'Afrique.
Euryalus, frégate à hélice, 31 canons, Portsmouth.
Excellent, vaisseau canonnier, Portsmouth.
Exmouth, vaisseau à hélice, 76 canons, à Devonport.
Fairy, yacht à hélice, Portsmouth.
Falcon, corvette à hélice, 17 canons, en Australie.
Fawn, corvette à hélice, 17 canons, Nord-Amérique.
Fearless, annexe du Cumberland, Sheerness.
Ferret, brick, 8 canons, Southampton.
Firefly, aviso à roues, 5 canons, à Malte.
Fire Queen, annexe du Victory, Portsmouth.
Fisgard, 42 canons, Woolwich.

Flora, 40 canons.
Formidable, 26 canons, Sheerness.
Forte, frégate à hélice, 29 canons, Sheerness.
Forth, à hélice, 12 canons, Devonport.
Fox, bâtiment-magasin, 2 canons.
Foxhound, chaloupe canonnière à hélice, 4 canons, Sheerness.
Frederick-William, garde-côte à hélice, 74 canons, Queenstown.
Galatea, frégate à hélice, 26 canons, Devonport.
Gannet, corvette à hélice, 3 canons, Nord-Amérique.
Ganges, ponton, 84 canons, Falmouth.
Gibraltar, vaisseau à hélice, 81 canons, dans la Méditerranée.
Gladiator, frégate à roues, 6 canons.
Glasgow, frégate à hélice, 31 canons, Portsmouth.
Goliath, vaisseau à hélice, 60 canons, Sheerness.
Greyhound, corvette à hélice, 5 canons, côte d'Afrique.
Griffon, chaloupe canonnière à hélice, 5 canons, Sheerness.
Hannibal, vaisseau à hélice, 73 canons, Portsmouth.
Harpy, canonnière annexe du Lion, à roues, 1 canon, Greenock.
Harrier, corvette à hélice, 17 canons, Portsmouth.
Hastings, vaisseau à hélice, 50 canons, à Queenstown.
Hearty, canonnière à roues, à Malte.
Helicon, vapeur à roues, Portsmouth.
Hero, vaisseau à hélice, 79 canons, Sheerness.
Hesper, bâtiment-magasin à hélice, 2 canons, Sheerness.
Hibernia, 104 canons, à Malte.
Highflyer, corvette à hélice, 21 canons, aux Indes.
Himalaya, transport à hélice, 2 canons, Portsmouth.
Hood, vaisseau à hélice, 79 canons, Sheerness.
Howe, vaisseau à hélice, 107 canons, Devonport.
Hydra, corvette à roues, 1 canon, dans la Méditerranée.
Icarus, corvette à hélice, 3 canons, en Chine.
Immortalité, frégate à hélice, 35 canons, Portsmouth.
Imperieuse, frégate à hélice, 29 canons, Portsmouth.
Implacable, 24 canons, Devonport.
Impregnable, 78 canons, Devonport.
Indus, vaisseau-école, Devonport.
Industry, bâtiment magasin, 3 canons.
Investigator, vapeur à roues, 2 canons, côtes d'Afrique.
Irresistible, vaisseau garde-côte, à hélice, 60 canons, Southampton.
Jackal, vapeur à roues, 1 canon.
James Watt, vaisseau à hélice, 79 canons, Devonport.
Jaseur, vapeur à hélice, 5 canons, côtes d'Afrique.
Jason, corvette à hélice, 17 canons, Devonport.
Landrail, vapeur à hélice, 5 canons, côtes d'Afrique.
Leander, frégate à hélice, 39 canons, dans le Pacifique.
Lee, vapeur à hélice, 5 canons, côtes d'Afrique.
Leopard, frégate à hélice, 18 canons, en Chine.
Leven, vapeur à hélice, 3 canons, Hong-Kong.
Leven, chaloupe canonnière à hélice, 2 canons, Hong-Kong.
Liffey, frégate à hélice, 39 canons, Devonport.
Lightning, vapeur à roues, 2 canons.
Lily, chaloupe canonnière à hélice, 4 canons, Nord-Amérique.

Lion, vaisseau à hélice, 60 canons, Greenwich.
Liverpool, frégate à hélice, 35 canons, Channel Squadron.
Lizard, vapeur à hélice en fer, 1 canon, Sheerness.
Locust, remorqueur à roues, 1 canon, Sheerness.
London, vaisseau à hélice, 78 canons, Devonport.
Lord Clyde, vaisseau à hélice, 24 canons, Devonport.
Lord Warden, vaisseau à hélice, 20 canons, Chatham.
Lucifer, vapeur à roues, 1 canon, Portsmouth.
Lyra, corvette à hélice, 7 canons, aux Indes.
Magicienne, frégate à roues, 16 canons, Devonport.
Majestic, vaisseau à hélice, 62 canons, Devonport.
Malacca, corvette à hélice, 13 canons, dans le Pacifique.
Manilla, vapeur à hélice en fer, en Chine.
Marlborough, vaisseau à hélice, 121 canons, Portsmouth.
Mars, vaisseau à hélice, 68 canons, Sheerness.
Martin, corvette à voiles, 12 canons, Portsmouth.
Medea, corvette à roues, 6 canons, Portsmouth.
Medusa, vapeur à roues, Sheerness.
Meeanee, vaisseau à hélice, 60 canons, Sheerness.
Megœra, vaisseau-magasin, en fer, 1 canons.
Melpomène, frégate à hélice, 35 canons, Portsmouth.
Mersey, frégate à hélice, 36 canons, Portsmouth.
Minx, remorqueur en fer, Devonport.
Miranda, corvette à hélice, 15 canons, Sheerness.
Monarch, vaisseau à hélice, en fer, 6 canons, Chatham.
Monkey, remorqueur à roues, Woolwich.
Muller, chaloupe canonnière à hélice, 3 canons, Sheerness.
Mutine, corvette à hélice, 17 canons, dans le Pacifique.
Myrmidon, chaloupe canonnière à hélice, 3 canons, Chatham.
Myrtle, vapeur remorqueur à roues, Portsmouth.
Narcissus, frégate à hélice, 35 canons, côtes d'Australie.
Nassau, vapeur hydrographe, 3 canons, Pembroke.
Nelson, vaisseau à hélice, 72 canons, Portsmouth.
Neptune, vaisseau à hélice, 78 canons, Portsmouth.
Nereus, bâtiment-magasin, 6 canons, Valparaiso.
Newcastle, frégate à hélice, 31 canons, Sheerness.
Newport, chaloupe canonnière à hélice, 3 canons, Pembroke.
Niger, corvette à hélice, 13 canons, Nord-Amérique.
Nile, vaisseau à hélice, 78 canons, Devonport.
Nimble, chaloupe canonnière à hélice, 3 canons, Nord-Amérique.
Niobe, corvette à hélice, 4 canons, Deptford.
Nymphe, corvette à hélice, 4 canons, Deptford.
Oberon, vapeur à roues en fer, 3 canons, Devonport.
Ocean, vaisseau à hélice, 23 canons, Devonport.
Octavia, frégate à hélice, 35 canons, aux Indes.
Orestes, corvette à hélice, 17 canons, Portsmouth.
Orion, vaisseau à hélice, 79 canons, Sheerness.
Orlando, frégate à hélice, 46 canons, Devonport.
Orontes, transport à hélice en fer, 2 canons.
Osborne, yacht à roues, Portsmouth.
Osprey, chaloupe canonnière à hélice, 4 canons, en Chine.
Otter, remorqueur à roues, 1 canon, Sheerness.

Pallas, corvette à hélice, 6 canons, Sheerness.
Pandora, chaloupe canonnière à hélice, 5 canons, côtes d'Afrique.
Pantaloon, corvette à hélice, 11 canons, aux Indes.
Pearl, corvette à hélice, 21 canons, Portsmouth.
Pelican, corvette à hélice, 17 canons, dans la Méditerranée.
Pelorns, corvette à hélice, 21 canons, en Chine.
Pembroke, vaisseau à hélice, 25 canons, Harwich.
Penguin, chaloupe canonnière à hélice, 5 canons, aux Indes.
Persens, corvette à hélice, 15 canons, en Chine.
Peterel, corvette à hélice, 3 canons, Devonport.
Phaeton, frégate à hélice, 35 canons, Sheerness.
Phœbe, frégate à hélice, 35 canons, dans la Méditerranée.
Pigmy, vapeur à roues, 1 canon, Portsmouth.
Pike, vapeur à roues, Devonport.
Pioneer, vapeur à roues, 1 canon, côtes d'Afrique.
Plover, chaloupe canonnière à double hélice, 3 canons, Deptford.
Porcupine, vapeur hydrographe, 1 canon.
President, vaisseau-école, 16 canons, dans le canal.
Prince Consort, vaisseau à hélice, 31 canons, Channel-Squadron.
Prince Regent, vaisseau à hélice, 78 canons, Portsmouth.
Prince of Wales, vaisseau à hélice, 115 canons, Portsmouth.
Princess Alice, vapeur à roues, en fer, Devonport.
Princess Charlotte, 12 canons, en Chine.
Princess Royal, vaisseau à hélice, 73 canons, en Chine.
Psyche, vapeur à roues, 2 canons, dans la Méditerranée.
Pyladus, corvette à hélice, 21 canons, Nord-Amérique.
Queen, vaisseau à hélice, 74 canons, Portsmouth.
Racer, corvette à hélice, 11 canons, dans la Méditerranée.
Racoon, corvette à hélice, 22 canons.
Ranger, chaloupe canonnière à hélice, 5 canons, côtes d'Afrique.
Rapid, corvette à hélice, 11 canons.
Rattler, corvette à hélice, 17 canons, en Chine.
Rattlesnake, corvette à hélice, 19 canons, Devonport.
Recruit, vapeur à roues, en fer, 4 canons, Sheerness.
Redpole, remorqueur à roues, 1 canon, Gibraltar.
Reindeer, corvette à hélice, 7 canons, Chatham.
Renown, à hélice, 81 canons, Devonport.
Repulse, vaisseau à hélice, 81 canons, Woolwich.
Research, corvette à hélice, 4 canons, Chatham.
Revenge, vaisseau à hélice, 73 canons, Pembroke.
Riflemen, vapeur à hélice, 5 canons, en Chine.
Rinaldo, chaloupe canonnière à hélice, 7 canons, Portsmouth.
Robust, vaisseau à hélice, 81 canons, Devonport.
Rodney, vaisseau à hélice, 78 canons, Sheerness.
Rosario, corvette à hélice, 11 canons, aux Indes.
Royal Adelaide, 26 canons, Devonport.
Royal Albert, vaisseau à hélice, 107 canons, Devonport.
Royal Alfred, vaisseau à hélice, 18 canons, Portsmouth.
Royal George, vaisseau à hélice, 72 canons, Kingstown.
Royalist, corvette à hélice, 11 canons, Nord-Amérique.
Royal Oak, vaisseau à hélice, 35 canons, dans la Méditerranée.
Royal William, vaisseau à hélice, 78 canons, Devonport.

Saint George, vaisseau à hélice, 72 canons, Portland.
Saint Jean d'Acre, vaisseau à hélice, 81 canons, Devonport.
Saint Vincent, transport, 26 canons, Portsmouth.
Salamander, corvette à roues, Australie.
Salamis, vapeur à roues, en Chine.
Sans-Pareil, vaisseau à hélice, 66 canons, Devonport.
Satellite, corvette à hélice, 17 canons, Devonport.
Saturn, Pembroke.
Scotia, remorqueur à roues, Devonport.
Scout, corvette à hélice, 21 canons, Pacifique.
Scylla, corvette à hélice, 21 canons, en Chine.
Seahorse, 12 canons, Devonport.
Sealark, brick, 8 canons, Devonport.
Seringapatam.
Serpent, chaloupe canonnière à hélice, 4 canons, en Chine.
Severn, frégate à hélice, 35 canons, aux Indes.
Shannon, frégate à hélice, 35 canons, Portsmouth.
Sharpshooter, corvette à hélice, en fer, 6 canons, côtes d'Amérique.
Shearwater, corvette à hélice, 4 canons, Pacifique.
Sheerness, remorqueur à roues, Sheerness.
Simoom, vaisseau à hélice, en fer, 4 canons.
Slaney, chaloupe canonnière à hélice, 1 canon, en Chine.
Snipe, chaloupe canonnière à hélice, 3 canons, côtes d'Afrique.
Sparrow, canonnière à hélice, 5 canons, côtes d'Afrique.
Sparrowhawk, chaloupe canonnière à hélice, 4 canons, Pacifique.
Speedwell, canonnière à hélice, 5 canons, côtes d'Amérique.
Sphinx, corvette à roues, 6 canons, Nord-Amérique.
Spiteful, corvette à roues, 6 canons, Nord-Amérique.
Spitfire, remorqueur à roues, aux Bermudes.
Sprightly, vapeur à roues, Portsmouth.
Squirrel, corvette à voiles, 8 canons, Devonport.
Star, chaloupe canonnière à hélice, 4 canons, Méditerranée.
Steady, canonnière à hélice, 5 canons, Nord-Amérique.
Stromboli, corvette à roues, 6 canons, Nord-Amérique.
Supply, bâtiment-magasin, en fer, 2 canons.
Surprise, chaloupe canonnière à hélice, 4 canons, Méditerranée.
Sutlej, frégate à hélice, 35 canons, Pacifique.
Swallow, corvette à hélice, 9 canons, Chine et Japon.
Sylvia, vapeur, 5 canons, Wolwich.
Tamar, transport à hélice, en fer, 2 canons.
Termagant, frégate à hélice, 23 canons, Portsmouth.
Terrible, frégate à hélice, 21 canons, Méditerranée.
Thais, remorqueur à roues, en fer, Devonport.
Thunder, batterie flottante à hélice, 14 canons, Sheerness.
Topaze, frégate à hélice, 31 canons, Pacifique.
Torch, chaloupe canonnière à hélice, 5 canons, côtes d'Afrique.
Trafalgar, vaisseau à hélice, 72 canons.
Tribune, frégate à hélice, 23 canons, Pacifique.
Trincomalee, bâtiment-école, 16 canons.
Triton, vapeur à aubes, en fer, 3 canons, côtes d'Amérique.
Trusty, remorqueur à roues, en fer, Jarrow.
Turtle, remorqueur, à hélice, en fer, Ascension.

Undaunted, frégate à hélice, 51 canons, Sheerness.
Urgent, transport à hélice, en fer, 4 canons.
Valorous, frégate à roues, 16 canons.
Vestal, corvette à hélice, 4 canons, Devonport.
Victor Emmanuel, vaisseau à hélice, 79 canons, Portsmouth.
Victoria, vaisseau à hélice, 102 canons, Méditerrannée.
Victoria et Albert, yacht royal à roues, Portsmouth.
Victory, transport, 12 canons, Portsmouth.
Vigilant, canonnière à hélice, 4 canons, aux Indes.
Vindicative, bâtiment-magasin, golfe de Bénin.
Virago, corvette à roues, 6 canons, Sheerness.
Vivid, vapeur à roues, Woolwich.
Volcano, vapeur à roues, Portsmouth.
Vulcan, transport à hélice, en fer, 6 canons, Portsmouth.
Vulture, frégate à roues, 6 canons, Portsmouth.
Wallace, remorqueur à roues, en fer, Portsmouth.
Wanderer, canonnière à hélice, 4 canons, Sheerness.
Wards, remorqueur à roues, Gibraltar.
Wasp, corvette à hélice, 13 canons, aux Indes.
Wellesley, 72 canons, Chatham.
Weser, vapeur à roues, en fer, 6 canons, Malte.
Widgeon, remorqueur à roues, Deptford.
Winchester, 12 canons, Aberdeen.
Windsor Castle, vaisseau à hélice, 97 canons, Devonport.
Wolverene, corvette à hélice, 21 canons, Nord-Amérique.
Wye, vaisseau-magasin, en fer, Woolwich.
Zealous, vaisseau à hélice, 20 canons, Devonport.
Zebra, corvette à hélice, 7 canons, Woolwich.

Petites canonnières à hélice (de 212 à 273 tonneaux).

Albacore, Angler, Ant, Banterer, Blazer, Bouncer, Brave, Britomart, Bruiser, Bullfrog, Bustard, Charger, Cheerful, Cherokee, Cherub, Chub, Clinker, Cockatrice, Corkchafer, Cromer, Daisy, Dapper, Decoy, Delight, Doterel, Dove, Drake, Earnest, Erne, Fancy, Fenella, Fervent, Firm, Flamer, Foam, Forester, Forward, Gleaner, Goldfinch, Goshawk, Grappler, Grasshopper, Griper, Handy, Hardy, Haughty, Havock, Heron, Highlander, Hind, Hunter, Hyena, Insolent, Jackdaw, Janus, Lark, Leveret, Linnet, Louisa, Magnet, Mayflower, Minstrel, Netley, Nettle, Nightingale, Onyx, Opossum, Orwell, Peacock, Pleasant, Pigeon, Procris, Rainbow, Rambler, Raven, Redwing, Rose, Ruby, Sandfly, Sepoy, Shamrock, Skipjack, Skylark, Snap, Spanker, Speedy, Spider, Starling, Staunch, Stork, Surly, Swan, Thrasher, Trinculo, Tyrian, Watchful, Wave, Weazel, Whiting, Wizard, Woodcock.

Parmi ces bâtiments il y en avait, en construction dans les arsenaux royaux, 22 de toutes classes, dont voici la liste et les noms :

Blanche, sloop à hélice, de 4 canons. — Bulwark, vaisseau à hélice, de 81 canons. — Camel, remorqueur, en fer. — Itamar, sloop à hélice, de 4 canons. — Daphné, sloop à hélice, de 4 canons, — Dryad, sloop à hélice, de 4 canons. — Myrmidon, canonnière à hélice, de 4 canons. — Nassau, canonnière à hélice, de 4 canons. — Newport, canonnière à hélice, de 5 canons. — Niobe, sloop à hélice, de 4 canons. — Northumberland (1), navire en fer, cuirassé, à hélice, de 26 canons, — North-Star, corvette à hélice, de 22 canons. — Nymph, sloop, à hélice, de 4 canons, — Pénélope, frégate cuirassée, à double éperon, de 10 canons. — Plover, canonnière à hélices jumelles, de 3 canons, — Reindeer, sloop à hélice, de 7 canons. — Repulse, vaisseau à hélice, de 81 canons, — Robert, vaisseau à hélice, de 81 canons. — Sylvia, canonnière à hélice, de 4 canons. — Trusty, remorqueur en fer, à roues, — Viper, canonnière en fer, à hélices jumelles, — Waterwitch, canonnière cuirassée, à moteur hydraulique.

La frégate cuirassée à hélices jumelles, *la Pénélope*, actuellement sur les chantiers, à Pembroke, est une frégate de 1758 tonneaux. Elle sera armée de 10 canons, du poids de 12 tonneaux 1/2, dans une batterie centrale. Ses machines seront de la force de 600 chevaux, et mettront en mouvement deux hélices, indépendantes l'une de l'autre.

L'adoption du système des hélices jumelles dans la marine militaire et son application à un navire de fort tonnage sont considérées par les Anglais comme une mesure d'une extrême importance, principalement au point de vue de la comparaison de ce système avec celui des tourelles.

En effet, le gouvernement anglais vient de décider la construction d'un navire à tourelles sur un nouveau modèle, qui réalisera, c'est une espérance, les dernières améliorations en ce genre. Quoi qu'il en soit, le navire dont il s'agit, le *Monarch*, aura deux tourelles qui seront bardées de plaques de fer de la plus forte épaisseur. Ces tourelles devront être aménagées de telle sorte qu'elles puissent être armées de canons Armstrong du poids de 600.

Il y a enfin, sur le chantier, à Chatham, le navire *l'Hercule*, qui doit réaliser un autre système. Celui-ci aura des batteries de côte avec des plaques deux fois plus épaisses que celles de l'*Achille* et du *Warrior*.

Il ne faut pas moins de trois ans pour achever la construction de chacun de ces deux cuirassés. Les expériences en ces matières coûtent cher partout : en Angleterre, elles se chiffrent, depuis bientôt dix ans, par millions de livres sterling.

La question du cuirassement des navires de guerre donne lieu, chaque année, dans le parlement d'Angleterre, à des discussions fort intéressantes et fort instructives. C'est un devoir pour nous d'en tenir compte dans ce travail. Tout ce qu'on y dit à cet égard, ce ne sont pas des vérités générales, mais ce sont au moins des opinions émises par des hommes compétents, préoccupés avec juste raison de la prépondérance de leur pays.

En présentant le budget de la marine pour l'année 1866-1867, lord Paget a dit :

« A l'égard de la force en activité de service, nous avions, le 1er décembre, 148 vaisseaux prêts à mettre en mer, sans compter les vais-

1. Il vient d'être lancé depuis peu de jours.

seaux cuirassés et les bâtiments garde-côtes. Quant aux vaisseaux blindés, nous en aurons, le 1er avril, 30 de diverses classes qui seront mis à flot.

« Il y en aura aus-i un autre qui prendra la mer bientôt après. Le total est ainsi de 31 vaisseaux cuirassés construits ou en construction. On devait commencer à construire un vaisseau à tourelle qui s'appellerait le *Monarch*, et, après avoir soigneusement étudié la question, après avoir examiné quelles devaient être l'épaisseur du blindage, la rapidité de la marche du bâtiment, sa puissance d'attaque et de défense, l'Amirauté a décidé que ce serait un vaisseau à deux tourelles, du tonnage de 5,099, portant 4 canons chacun du poids de 22 tonneaux. Sa force serait de 1,100 chevaux avec une vitesse de 14 nœuds, et en outre de ses quatre tourelles il aurait à l'avant et à l'arrière deux pièces du calibre de 100. Un autre vaisseau qu'on va commencer est l'*Hercules*, et il portera au nombre de 33 les bâtiments cuirassés construits ou en voie de construction.

« Nous ne nous arrêterons pas là. Deux gros navires de la classe de l'*Amazone* non blindés, armés de 4 canons de gros calibre, et dont la vitesse est de 13 nœuds, doivent être construits ainsi que deux autres plus petits ; l'un d'eux sera pourvu de deux hélices. Ainsi, pendant le service 1866-67, il sera construit près de 16,000 tonnes de nouveaux navires.»

Voici maintenant les critiques qui se sont produites devant le parlement au sujet du système patroné par lord Paget, le représentant de l'Amirauté britannique.

Sir J. Pakington. — «Il y a lieu de s'étonner que le secrétaire de l'Amirauté ait omis de parler des mérites des navires à tourelles. On avait promis l'année dernière qu'il serait construit un navire à tourelles. Il ne paraît pas que ce navire soit même commencé. On avait dit que ce navire serait de 5,000 tonnes, ce qui pouvait faire penser qu'il n'était pas possible d'en construire qui jaugeassent moins de 5,000 tonneaux. L'Amirauté aurait dû essayer loyalement et parfaitement le principe de la tourelle ; pendant nombre d'années, l'inventeur d'un système rival a joui de l'avantage d'une protection officielle, tandis que l'on n'a pas même essayé, comme on aurait dû le faire, l'invention du capitaine Cowper Coles, qui avait imaginé le principe de la coupole pour un navire à tourelles tenant la mer.»

Renchérissant sur le tout, l'opinion de M. Samuda est plus radicale.

M. Samuda. — «Le parti pris de ne construire qu'en partie des navires cuirassés est tout à fait désastreux pour le pays. Dans toute notre marine blindée, c'est à peine si nous comptons 10 navires assez forts pour pouvoir en cas de guerre maritime être placés au premier rang de combat. Quant au reste, 10 seulement pourront opposer une résistance.

« Ces navires peuvent se livrer à des opérations offensives contre tout navire bien armé. Mais s'ils avaient à lutter contre des navires puissamment cuirassés, ils pourraient être attaqués à chaque bout, et ils seraient hors d'état de résister, même à des navires de force inférieure. Restent 10 autres plus petits navires à ranger dans la même catégorie, sauf 2 petits navires à tourelles : toute la quest'on, selon moi, est donc aujourd'hui de savoir si 10 navires forts et en bon état constituent une protection suffisante pour l'Angleterre. A mon avis, dans le cas même où 20 au lieu de 10 de ces navires seraient d'une force imposante, ce serait encore trop peu pour tenir la position que l'Angleterre doit occuper. Les meilleurs navires à construire sont des navires à tourelles, et ce ne serait pas trop de construire 6 nouveaux navires à tourelles d'ici à deux ans. A mon avis, l'on pourrait construire des navires de 3,500 tonneaux, d'après le principe des tourelles, susceptibles de porter de l'artillerie du plus gros calibre, et d'atteindre la vitesse de tout autre navire de la marine. Le coût serait d'environ 280,000 l. st. »

S'emparant avec à-propos des observations de M. *Samuda, le Times* lance cette boutade qui atteint non pas M. *Samuda,* ni lord Paget, mais qui va droit au cœur du système anglais :

« — Il nous faut de nouveaux docks et de nouveaux bassins, puisque nous construisons des vaisseaux monstres. M. Samuda s'est risqué à faire une proposition à part et nettement définie. Il dit que, suivant les renseignements les plus sûrs qu'il a reçus, le principe des bâtiments à tourelles est le meilleur pour un vaisseau de guerre, et qu'on pourrait en construire un de cette catégorie qui serait d'un tonnage d'environ 3,500, et porterait dans deux tourelles la plus formidable artillerie qu'on ait jamais vue ou dont on ait jamais eu l'idée jusqu'à présent. Il ajoute que la dépense d'un pareil vaisseau n'excéderait pas 280,000 liv. st., y compris les machines. Si cette théorie est juste, les vaisseaux cuirassés que nous avons présentement sont des bévues, du moins en ce qu'on les a faits trop encombrants, et qu'ils ont beaucoup trop coûté. Cependant la question tout entière est maintenant ouverte, et l'Amirauté aura bientôt à montrer non-seulement qu'il faut construire des vaisseaux de 5,000 tonneaux, mais encore, probablement, qu'il est sage de les construire dans des établissements nationaux, au lieu de faire des contrats pour qu'ils soient construits dans des chantiers particuliers. »

Écoutez le *Morning-Post. Le Times* gouaille. Le *Post* émet une note légèrement mélancolique. Il ne met pas en doute la compétence de l'Amirauté ; il n'ose non plus se hasarder à croire que l'Angleterre n'aurait pas, en cas de guerre, de rivale sur les mers :

Nous citons textuellement l'article du *Morning-Post :*

« Malgré notre expérience et celle des autres nations dans l'art de conduire des flottes cuirassées, il semblerait que nous travaillons encore en grande partie dans les ténèbres. Lord Clarence Paget a annoncé que le gouvernement avait l'intention de bâtir un vaisseau cuirassé à deux tourelles, portant chacune deux canons du poids de 22 tonneaux. Le navire pèsera plus de 5,000 tonneaux, sa machine aura une force de 1,100 chevaux, et il aura une marche de 14 nœuds. Il aura une cuirasse extérieure de 7 pouces d'épaisseur, et deux cuirasses internes de chacune trois quarts de pouce. Les parois en bois auront 12 pouces. Cette proposition a donné lieu à une vive discussion sur le mérite des divers systèmes de cuirasse, et la discussion a été à la fin ajournée. Pour le moment, nous ne voulons pas exprimer notre opinion sur le point soulevé par sir J. Packington, M. Samuda et sir S. Morton Peto. Mais nous croyons que le gouvernement ne doit pas faire construire, sans mûres délibérations, des navires aussi grands que le *Monarque* et entraînant à tant de dépenses. On dit, et nous n'avons pas la prétention de dire jusqu'à quel point cela est vrai, que nos premiers vaisseaux cuirassés, dont le *Warrior* est le type, seraient aussi inoffensifs que nos anciennes frégates en bois, si elles étaient en lutte avec un des vaisseaux construits depuis deux ans. Comme leur cuirasse ne les couvre qu'en partie, ils seraient, dit-on, infailliblement détruits par des navires entièrement cuirassés. Ceci peut être vrai ou faux, mais cette assertion prouve, en tout cas, combien il est utile que les navires que nous construisons à si grands frais soient faits avec tout le soin possible pour atteindre le but qu'on se propose. Nous ne nous effrayons pas de voir que le budget de la marine ne diminue pas, et tout ce que nous demandons, c'est qu'on emploie convenablement l'argent que les contribuables donnent si largement. Les budgets de l'armée et de la marine sont beaucoup plus considérables qu'il y a quelques années, et le pauvre acquiert les objets de première nécessité, moins grevés d'impôt qu'il y a une douzaine d'années. Les dépenses d'un État et sa richesse commerciale doivent être toujours intimement liées, et ceux qui ne considèrent qu'un côté de la question et perdent l'autre de vue tombent nécessairement dans une erreur fatale. Ce n'est qu'après avoir examiné dans tous ses détails le budget de la marine qu'on pourra juger s'il est ou non trop considérable, et ceux qui voudraient effectuer de véritables économies devraient étudier minutieusement les dépenses du gouvernement, et, partout où ils découvrent du gaspillage, révéler les fautes du gouvernement et demander l'appui de la chambre. C'est par de pareilles mesures, et non par des discussions théoriques et abstraites, qui ne contentent personne et qui ne diminuent pas les dépenses d'un sou, qu'on peut espérer réaliser de véritables économies. »

Restons-en là. Aussi bien, l'Angleterre fournit au monde, depuis dix ans, un spectacle qui n'est pas sans intérêt. La vérité est qu'encore aujourd'hui elle n'a pas une flotte cuirassée capable de tenir la mer jusqu'à Lisbonne.

La France, elle, a deux belles escadres cuirassées, l'une postée dans le port de Cherbourg et prête à traverser la Manche au premier ordre ; l'autre évolue dans la Méditerranée en toute saison et par tous les temps et peut passer fière, sous les forts de Gibraltar, sans crainte d'essuyer aucune avarie.

Le lecteur tirera la conclusion.

AUTRICHE

ARMÉE DE TERRE.

Feld-maréchaux : le comte Wratislaw-Nettolitzky de Mitrowitz, le baron de Hess, et l'archiduc Albert.

1er corps d'armée : quartier général, Prague; commandant en chef, Clam-Gallas, général de cavalerie.

2e corps : quartier général, Vienne; commandant en chef, le général comte de Thun-Hohenstein.

3e corps : quartier général, Leibach; commandant en chef, l'archiduc Ernest.

4e corps : quartier général à Brunn; commandant en chef, l'archiduc Charles-Ferdinand, général de cavalerie.

5e corps : quartier général, Vérone; commandant général et commandant de l'armée : Louis de Benedeck; commandant en second, le baron de Gablenz. Par une décision toute récente, et en prévision de la guerre contre l'Italie, le commandement supérieur de l'armée autrichienne de Vénétie, du Tyrol, de la Carinthie, de la Carniole et du littoral, a été confié à l'archiduc Albert.

6e corps : commandant, le lieutenant feld-maréchal baron Ramming de Riedkirchen.

7e corps : quartier général, Trévise; commandant, le lieutenant feld-maréchal de Schmerling.

Indépendamment de ces sept corps, l'armée autrichienne compte les circonscriptions militaires suivantes :

Circonscription de Hongrie : quartier général à Bude; commandant général, le prince Frédéric de Liechtenstein, général de cavalerie.

Circonscription de Transylvanie : quartier général à Hermannstadt, commandant en chef, le lieutenant feld-maréchal le prince de Montenegro.

Circonscription pour ie Banat et la Voïvodie de Servie : commandant général, le lieutenant feld-maréchal baron de Steininger.

Circonscription de Croatie et Esclavonie : quartier général à Agram; gouverneur et commandant général, le lieutenant feld-maréchal baron de Sokceviez.

Circonscription de Dalmatie : quartier général à Zara; commandant général, le lieutenant feld-maréchal baron de Mansula.

—

ÉTAT-MAJOR GÉNÉRAL.

Feld-maréchaux . . . . : . . 3
Généraux de cavalerie, feld-zeugmestres. 13 et 29 de réserve.
Lieutenants feld-maréchaux. . . . . 78 128 —
Majors-généraux . . . . 121 174 —

Ensemble. . . . 215 et 331 de réserve.

Garde allemande, garde du corps, garde du palais, gendarmerie. . . . . 285 hommes.

—

INFANTERIE.

(*Pied de paix.*)

Infanterie de ligne : 80 régiments à 4 bataillons, à 6 compagnies; 1 cadre de dépôt. Effectif. . . . . 145,804 hommes.
Infanterie des frontières : 14 régiments à 3 bataillons, à six compagnies; un bataillon d'infanterie de Titel. Effectif. . . . . 30,401 —
Infanterie légère : 1 régiment de chasseurs tyroliens, à 6 bataillons, formant ensemble 36 compagnies; 32 bataillons de chasseurs de campagne, à 6 compagnies; un cadre de dépôt. Effectif. . . 24,710 —
Troupes sanitaires : 10 compagnies. . . . . 1,010 —

Total de l'effectif . . . . . . 201,925 hommes.

Pied de guerre : 489,780 hommes.

—

CAVALERIE.

(*Pied de paix.*)

12 régiments de cuirassiers, dont 11 à 5 et 1 à 6 escadrons, — 2 régiments de dragons. — 12 régiments de hussards, — 12 régiments de lanciers, — 2 régiments de volontaires hussards, — 1 régiment de lanciers.

Ensemble 39 régiments. Effectif. . . . 39,188 hommes.

Pied de guerre : 41,900 hommes.

ARTILLERIE.

(Pied de paix.)

12 régiments d'artillerie de campagne, — 1 régiment d'artillerie des côtes.

Ensemble 13 régiments. Effectif, 28,171 hommes.— 7,211 chevaux.

Pied de guerre : 50,500 hommes. — 20,300 chevaux.

GÉNIE.

(Pied de paix.)

2 régiments à 4 batteries, — 6 bataillons de pionniers.

Ensemble. . . . . 8,780 hommes.

Pied de guerre : 13,766 hommes.

TRAIN DES ÉQUIPAGES.

(Pied de paix.)

54 escadrons. . . . . . 2,928 hommes.

Pied de guerre : 23,272 hommes.

RÉCAPITULATION.

Infanterie (pied de paix).	201,925 hommes.	
Cavalerie id.	39,188	—
Artillerie id.	28.171	—
Génie id.	8,780	—
Train des équipages (pied de paix). . .	2,928	—
	280,992 hommes.	

Effectif de ces troupes sur pied de guerre : 619,210 hommes.

10 régiments de gendarmerie et corps militaire de police.

Effectif. . . . . 12,402 hommes.

En temps de guerre, l'Autriche organise des corps distincts de ceux précités. Nous citerons :

Les dragons d'état-major, — les bataillons de volontaires, — la cavalerie légère et irrégulière, — la milice armée des frontières militaires, — les tirailleurs du Tyrol, — les soldats des établissements

militaires, — 4 compagnies de discipline, — et l'état-major de
l'armée.

Au 15 mai 1866, toute l'armée autrichienne était sur pied de guerre.
Les corps de volontaires sont en voie de formation. Ils sont décrétés.

ARMÉE DE MER.

§ Ier.

Personnel.

2 vice-amiraux, 3 contre-amiraux, 9 capitaines de vaisseau, 26 capitaines de frégate, 90 lieutenants de vaisseau, 101 enseignes de
vaisseau, 188 cadets de marine.

Employés : 26 pour la construction des vaisseaux ; 8 pour les chantiers ; 116 pour les machines ; 8 de l'institut hydrographique.

Services civils : 10 aumôniers, 44 fonctionnaires du commissariat,
69 médecins, 300 serviteurs d'officiers, 150 fonctionnaires d'administration.

Corps des matelots : 3 officiers d'état-major, 51 officiers, 10,251 sous-
officiers et matelots.

Corps des arsenaux : 5 officiers d'état-major, 35 officiers, 2,716 sous-
officiers et subordonnés.

Troupes de marine : 1 régiment d'infanterie, 5 officiers d'état-major,
62 officiers. 5,054 sous-officiers et soldats.

§ II.

Matériel naval.

BATIMENS CUIRASSÉS A HÉLICE.

7 frégates, 4,250 chevaux avec 226 canons. Deux sont en construction.

BATIMENTS A HÉLICE.

1 vaisseau de ligne,	800 chevaux,	92	canons.
5 frégates 1 ,	1,800 —	194	—
2 corvettes,	460 —	44	—
3 goëlettes,	220 —	18	—
19 chaloupes canonnières,	2,180 —	70	—

Total. 30 bâtiments à hélice,   5,460 chevaux, 418 canons.

VAPEURS A ROUES.

16 vapeurs,	1,920 chevaux,	54	canons.
6 chaloupes canonnières,	150 —	12	—
2 yachts,	420 —	6	—

24 vapeurs à roues,   2,490 chevaux.   72 canons.

BATIMENTS A VOILES.

2 frégates,	76 canons.
3 corvettes,	56 —
1 bricks.	64 —
3 goëlettes,	24 —
28 chaloupes canonnières, peniches, etc.,	64 —
1 batterie flottante,	46 —
6 canonnières,	32 —
4 goëlettes transports.	16 —

Total... 31 navires à voiles et   348 canons.

En résumé, le matériel roulant de la marine autrichienne, non compris la frégate brûlée, compte 116 bâtiments, 11,100 chevaux et 1,044 canons.

1. Une de ces frégates, la *Novara* a brûlé dans le port autrichien de Pola.

CONFÉDÉRATION GERMANIQUE

—

D'après les résolutions de l'assemblée fédérale du 14 avril 1842, du 3 octobre 1851 et du 26 janvier 1860, la confédération germanique devait compter 34 Etats, y compris la Prusse et l'Autriche. Voici l'énumération des forces militaires de chacun d'eux en commençant par les plus importants :

—

Bavière.

Feld-maréchal : le prince Charles de Bavière.

Généraux : prince de Thurn et Taxis ; Maximilien, duc de Bavière ; Luilpold, prince de Bavière ; baron de Hohenhausen.

1er commandement général, à Munich : le lieutenant général baron de Tann.

2e commandement, à Augsbourg : le lieutenant général de Feder.

3e commandement, à Nuremberg : le lieutenant général de Zoller.

4e commandement, à Wurtzbourg : le lieutenant général de Hartmann.

—

INFANTERIE.

16 régiments à 3 bataillons,	68,880 hommes.
8 bataillons de chasseurs,	7,400 —
4 compagnies sanitaires,	920 —
Réserve,	79,473 —
Total de l'infanterie,	158,673 hommes.

—

CAVALERIE.

12 régiments à 4 escadrons,	9,276 hommes.
Réserve,	11,279 —

ARTILLERIE.

3 régiments,	8,430	hommes.
1 régiment monté (4 batteries),	1.183	—
1 compagnie d'ouvriers,	283	—
Réserve.	15,092	—
	24,988	hommes.
Train des équipages,	3,046	hommes.

GÉNIE.

1 régiment à 8 compagnies,	2,191	hommes.
Réserve,	1,161	—
	3,352	hommes.

Cela forme au total un effectif de 210,714 hommes, y compris la réserve, dont fait partie, jusqu'à l'âge de 40 ans, tout sujet bavarois qui a fait six années de service actif.

De plus, tout sujet bavarois qui n'a pas été incorporé dans l'armée doit servir dans la landwehr. La landwehr bavaroise compte 34,000 h. d'infanterie et 2,500 h. de cavalerie.

La Bavière n'a aucune marine.

Saxe royale.

Commandant en chef de l'infanterie : le prince Albert.

Commandants divisionnaires : le major général de Schimpff ; le lieutenant général de Stieglitz.

Commandant de la cavalerie : le lieutenant général de Nostitz-Drzeviecki.

Commandant de l'artillerie : le major général Schmalz.

Commandant de la forteresse de Koenigstein, le lieutenant général de Treitschke.

EFFECTIF DE L'ARMÉE.

État-major général,	60	hommes.
Infanterie de ligne, 4 brigades, à 4 bat., à 4 comp.,	15,718	—
Brigade de chasseurs, à 4 bataillons, 4 comp.,	4,005	—
Cavalerie, 4 régiments formant deux brigades,	3,208	—
Artillerie, y compris une division de pionniers et pontonniers,	2,420	—
Total de l'armée active,	25,396	hommes.

La durée du service, en Saxe, est de 8 années : 6 ans dans l'armée active, et deux ans dans la réserve de guerre.

D'après cela, l'effectif réserve est peu considérable; l'armée saxonne pourrait tout au plus être portée, sur pied de guerre, à 40,000 hommes de toutes armes, en y comprenant une brigade du commissariat du train des équipages.

Aucune marine.

—

Hanovre.

Feld-maréchal : Auguste-Louis-Henri-Guillaume, duc régnant de Brunswick,

Généraux : le duc de Cambridge; le prince Bernard de Solms-Braunfels; le grand-duc d'Oldenbourg; le duc Joseph de Saxe-Altenbourg; le baron de Brandis, ministre de la guerre; le grand-duc de Mecklembourg-Schwérin; le grand-duc de Mecklembourg-Strélitz.

2 divisions d'infanterie : l'une est commandée par le lieutenant général de Grote, l'autre par le lieutenant général de Ramdohr. — Une division de cavalerie; commandant le lieutenant général Gebser. — Une brigade d'artillerie; commandant, le lieutenant général Müller. — Commandant du génie, le lieutenant général Dammert.

Effectif de l'armée.

Etat-major général,	32 hommes.	
8 régiments d'infanterie de ligne à 2 bataillons,		
4 bataillons de chasseurs, à 4 compagnies; ensemble	20,464	—
2 régiments de cuirassiers,		
2 régiments de hussards,		
2 régiments de dragons, chaque régiment à 4 escadrons ; ensemble,	3,078	—
2 compagnies de pionniers et de pontonniers,	257	—
2 compagnies d'artillerie montée,		
3 batteries d'artillerie à pied,		
3 batteries de campagne,		
1 batterie de parc,		
1 compagnie d'ouvriers; total 13 compagnies,	2,666	—
Gendarmerie,	441	—
Total	26,938 hommes.	

La réserve est insignifiante.

Pas de marine militaire.

—

Wurtemberg.

Commandant de la division d'infanterie, le lieutenant général Oscar de Hardegg, vice-gouverneur et commandant des troupes à Ulm. —

1re *brigade*, quartier général à Stuttgard, commandant, le major général de Brandenstein. — 2e *brigade*, à Ulm, le major général de Matchus. — 3e *brigade*, à Louisbourg, commandant, de Hegelmaier.

Effectif de l'armée du Wurtemberg.

8 régiments d'infanterie de ligne, 16 bataillons, 72 compagnies,	
3 bataillons de chasseurs,	
En temps de guerre, 19 compagnies de dépôt ; ensemble,	19,752 hommes.
1 compagnie de discipline,	89 —
1 compagnie de santé,	238 —

—

CAVALERIE.

1 escadron de chasseurs avec 50 chevaux,	56 —
4 régiments, 16 escadrons en guerre et 4 escadrons de remplaçants, pied de guerre, avec 1870 chevaux,	4,152 —

—

ARTILLERIE.

Corps d'état-major,	10 —
2 batteries à cheval,	581 —
2 batteries légères,	666 —
2 batteries de ligne à pied,	603 —
3 batteries de forteresse, 264 chevaux,	914 —
Train des équipages, 464 chevaux,	778 —
Une direction des arsenaux et 1 compagnie de garnison,	418 —
Officiers d'état-major du génie,	19 —
1 section du génie et 2 compagnies de pionniers ; ensemble,	469 —
Commandants, inspecteurs, aides de camp,	51 —
Total	28,786 hommes.

Avec l'appel des réserves, on peut évaluer les forces de l'armée wurtembergeoise à 40,000 hommes.

—

Bade.

Le grand-duché de Bade peut mettre sur pied avec le contingent principal et la réserve :

Etat-major,   30 hommes.
1 régiment de grenadiers,
4 régiments d'infanterie de ligne,
2 bataillons de fusiliers,
1 bataillon de chasseurs,
L'infanterie, formant une division avec 2 brigades,
    réunit   10,907   —
3 régiments de dragons, formant une brigade,   1,870   —
1 régiment à 5 batteries d'artillerie de campagne et
    1 bataillon de fortifications avec 4 batteries,   2,077   —
1 compagnie de pontonniers,   150   —
Administration militaire,   16   —
Gouvernement de la forteresse fédérale de Rastatt,   19   —
Remplaçants de toutes armes,   3,334   —

      Total des effectifs sur pied de guerre   18,403 hommes.

Hesse électorale.

4 régiments et 10 bataillons d'infan-
   terie et 2 bataillons de chasseurs.   5,770 hommes.
10 escadrons de cavalerie,   988   —
1 régiment, 4 batteries d'artillerie, 1
   compagnie de pionniers,   651   —
Train,   487   —

      Total   7,896 hommes.

En appelant sous les armes les 1re et 2e divisions du second ban, l'effectif des combattants s'élèverait à 15,200 hommes.

Hesse (grand-duché de).

Effectif de l'armée.

Etat-major et branches spéciales   41 hommes.
Compagnie de sous-officiers de la garde,   48   —
4 régiments d'infanterie à 3 bataillons, à 4 compagnies et 1 de tirailleurs, 8 compagnies de dépôt,   8,851   —
2 régiments de cavalerie, à 4 escadrons, 2 escadrons de dépôt, 1646 chevaux, une division de
   gendarmerie,   1,420   —
2 états-majors d'artillerie, 1 batterie à cheval, une
   de pièces de 12, 2 batteries de canons rayés de
   6; un parc de siége; 2 colonnes de munitions
   et 1 de dépôt; 1 batterie de dépôt; 1072 chevaux.   1,237   —
1 compagnie de pionniers et pontonniers,   113   —

      Total   11,700 hommes.
3475 chevaux et 368 fourgons.

Brunswick.

L'armée du grand-duché de Brunswick compte :

1 régiment d'infanterie, avec 2 bataillons de ligne
  et 1 bataillon de gardes,
1 régiment de hussards avec 3 escadrons,
1 bataillon de landwehr, à 6 compagnies; effectif,   1,857 hommes.
L'artillerie compte 12 pièces de canon et   502   —

Effectif total et sur pied de guerre   5,359 hommes.

Mecklembourg-Schwérin (grand-duché de).

L'armée se compose de :

État-major.	12 hommes.
2 régiments d'infanterie, à 2 bataillons,	3,854 —
2 bataillons de chasseurs,	344 —
1 régiment de dragons, gendarmes compris,	672 —
Artillerie,	404 —
Section de pionniers,	97 —

5,383 hommes.

1,095 chevaux, 14 canons.

Mecklembourg-Strélitz (grand-duché de).

Le contingent fédéral de ce grand-duché est fixé à 1 régiment d'infanterie de 1,317 hommes. — La cavalerie et l'artillerie sont fournies
par le Mecklembourg-Schwérin.

Nassau (duché de).

Contingent fédéral : 6,721 hommes, savoir :

2 régiments d'infanterie, à 2 bataillons et 4 compagnies avec une
  compagnie de tirailleurs, plus un bataillon de chasseurs : effec-
  tif,   1,941 hommes.
Artillerie, 16 canons et   480   —
Pionniers et gendarmes,   77   —
Contingent des remplaçants,   1,223   —

6,721 hommes.

Saxe-Weimar-Eisenach (grand-duché de).

Contingent fédéral, y compris la réserve : 3,015 hommes.

Saxe-Meiningen (duché de).

Contingent fédéral : 2,494 hommes, formant un régiment d'infanterie à 2 bataillons.

Saxe-Altembourg (duché de).

Contingent fédéral : 1,473 hommes, y compris la réserve.

Saxe-Cobourg et Gotha (duché de).

Depuis le 1er juillet 1861, le corps des officiers du contingent de Saxe-Cobourg et Gotha appartient au cadre de l'armée prussienne. En outre, depuis le 1er juillet 1862, la Prusse s'est chargée de l'entretien complet du contingent de ces duchés. Le commandement est aujourd'hui entre les mains d'un colonel au service de la Prusse, de Fabeck, détaché du 1er régiment de la garde.

L'effectif du contingent fédéral s'élève à 2,046 hommes, formant 1 régiment d'infanterie à 2 bataillons, à 8 compagnies.

Oldenbourg (grand-duché d').

Commandant des troupes : le major-général de Wellziou, chef du contingent fédéral du grand-duché et de la brigade hanséatique.

Effectifs.

Infanterie, 4 bataillons de campagne, 1 de remplaçants,	3,051 hommes.
Cavalerie, 3 escadrons,	509 —
Artillerie et pionniers.	417 —
Total.	4,007 hommes.

Anhalt (duché de).

Commandant des troupes : le prince héréditaire Frédéric d'Anhalt ; son remplaçant est le lieutenant-colonel de Heimrod.

Le contingent fédéral compte 1,836 hommes, soit 1 régiment d'infanterie à 2 bataillons et 2 compagnies de carabiniers.

Schwarzbourg-Rudolstadt (principauté de).

Contingent fédéral, y compris la réserve et les remplaçants : 989 hommes. — Commandant : le lieutenant-colonel Kirchner.

—

Schwarzbourg-Sondershausen (principauté de).

Force du contingent : 826 hommes. — Commandant : le lieutenant-colonel de Blumroeder.

—

Liechtenstein (principauté de).

Contingent fédéral : 70 hommes.

—

Waldeck (principauté de).

Contingent fédéral : 866 hommes ; commandant : d'Uechtritz, major à la suite du 4ᵉ régiment de grenadiers de la garde prussienne.

—

Reuss-Greiz et Reuss-Schleiz (principautés de).

Contingent fédéral : 1,117 hommes. — Commandant : le colonel Emile de Brixen.

—

Schaumbourg-Lippe (principauté de).

Contingent fédéral. 516 hommes. — Commandant : le colonel Funck.

—

Lippe (principauté).

Contingent fédéral : 1,200 hommes. — Commandant : le major Rohdewald.

—

Hesse-Hombourg (landgraviat).

Contingent fédéral : 366 hommes. — Commandant : le major de Silber.

—

Lubeck (ville libre de).

Contingent fédéral : 742 hommes d'infanterie. L'Oldenbourg fournit, pour le compte de Lubeck, une quote-part d'artillerie. Le bataillon lubeckois est incorporé dans la brigade Oldenbourg-Hanséatique.

Francfort (ville libre de).

Contingent fédéral : 1 bataillon d'infanterie à
    6 compagnies, ensemble,   783 hommes.
              Réserve,   224   —
              Remplaçants.   112   —

                   Total,   1,129 hommes.

Commandant de ce contingent : le lieutenant colonel Boeing.

La garnison fédérale se compose de : 1,064 Autrichiens, 1,864 Prussiens, 1,163 Bavarois et d'un bataillon de Francfortois, fort de 874 hommes et 72 gendarmes.

—

Brême (ville libre de).

Contingent fédéral : 1 bataillon de fusiliers de 760 hommes. — Commandant : le lieutenant-colonel Niebour.

—

Hambourg (ville libre de).

Contingent fédéral : 2 bataillons d'infanterie,   1,686 hommes.
        1 détachement de chasseurs,   120   —
        1   —   de pionniers,   21   —
        1   —   de cavalerie,   336   —

                 Total,   2,163 hommes.

Commandant de la ville et du contingent fédéral : le lieutenant-colonel Bess.

—

Ainsi, si la guerre éclate entre la Prusse et l'Autriche, et si, comme c'est probable et même certain, la confédération germanique prend fait et cause pour l'Autriche, l'armée de cette dernière puissance va subitement se trouver considérablement renforcée de tous les contingents fédéraux. En récapitulant les effectifs dont nous avons donné plus haut les chiffres en détail, ces contingents, la guerre éclatant, s'élèveraient à 375,109 hommes environ. C'est, comme on voit, un bel appoint pour l'Autriche, et si celle-ci, dans l'affaire actuelle, n'avait pas une armée italienne sur les bras d'une force respectable, elle réduirait promptement la Prusse et lui imposerait ses volontés, qui sont celles de la confédération germanique.

D'un autre côté, s'il faut s'en rapporter à un fait récent, le vote de la diète fédérale relativement à une proposition de la Prusse à l'endroit des armements de la Saxe, la politique prussienne aurait réussi à se concilier quelques fractions de la confédération. Mais de là à une coopération armée contre l'Autriche, il y a loin.

Nous n'avons pas fait figurer les duchés du Holstein et du Sleswig dans la nomenclature des États faisant partie de la confédération, non plus que le Luxembourg et le Limbourg. Ces derniers duchés sont rattachés à la Hollande, qui, de la sorte, se trouve prise dans l'engrenage de la confédération, et ne demanderait pas mieux, certes, que de se retirer de cette bagarre, même en lâchant à qui en voudra le lambeau de territoire germanique qu'elle possède et dont elle ne sait vraiment que faire. Mais la Hollande peut être tranquille, son roi est dans le secret des choses.

TURQUIE

ARMÉE DE TERRE RÉGULIÈRE (NIZAM).

1ᵉʳ corps d'armée, garde impériale : mouchir (1) Hussein-Arni Pacha; — 2ᵉ corps d'armée : mouchir Abdut-Kerim-Nadir Pacha; — 3ᵉ corps d'armée : mouchir Omer Pacha; — 4ᵉ corps d'armée : mouchir Dervich Pacha; — 5ᵉ corps d'armée : mouchir Alim Pacha; — 6ᵉ corps d'armée : mouchir Namyk Pacha.

Chacun de ces corps d'armée est formé de deux divisions.

Infanterie de ligne, 36 régim. à 4 batail. de 8 compag.		100,800 h.
Cavalerie,	24 —	17.280
Artillerie de camp.	6 —	7,800
Génie,		1,600
Artillerie des forts,		3,200
Ainsi l'effectif de ces six corps d'armée s'élève à		131,680 h.

En outre, il y a ce qu'on appelle les divisions *détachées*, ce sont :

(1) *Mouchir* équivaut à la dignité de maréchal de France et de feld-maréchal dans les États germaniques.

Les divisions de Crète (Girid),   10,000 h.
    —   de Tripoli (Tarabius),   5,000
    —   de Tunis,   5,000

La division centrale d'artillerie, comprenant le régiment des pionniers de Péra, les brigades des sapeurs et des mineurs, la brigade des vétérans et les garnisons permanentes d'artillerie aux Dardanelles (500 canons), sur le Danube, l'Adriatique, la mer Noire, à Ténédos et Mytilène, et en Anatolie, soit,   9,000
                                                   ——————
                                                   29,000 h.

Effectif total de l'armée régulière : 160,680 hommes.

Les troupes de réserve (redif) ne sont pas encore organisées. Le moment serait opportun (1).

——

TROUPES AUXILIAIRES.

Ces troupes sont fournies par les contingents des provinces non encore sujettes au recrutement, et par les États soumis à la suzeraineté de la Turquie. Elles peuvent être évaluées à 100,000 hommes, savoir : Haute-Albanie, 10,000 ; Bosnie, 30,000 ; Servie, 20,000 ; Principautés danubiennes, 7,000 ; Égypte, 20,000 ; Tunis et Tripoli, 10,000.

——

TROUPES IRRÉGULIÈRES.

Effectif : 80,000 hommes formés de bachi-bozouks, gendarmes à pied et à cheval, Tatares de la Dobroutcha, etc.

Pendant la guerre de Crimée, l'armée ottomane, d'après un rapport ministériel, comptait 105,325 hommes de nizam, 103,827 redif, 7,741 miliciens ; en tout 216,893 hommes.

——

ARMÉE DE MER.

——

§ 1er.

Personnel.

Grand amiral (capoudan pacha) : Halil-Pacha, Mehemet-Ali-Pacha.
L'effectif des officiers de tous grades et des matelots embarqués est de 10,900 hommes.
Réserve : 22,100 hommes.

(1) Nous apprenons qu'on vient de faire l'appel des réserves en Turquie.

§ II.

Matériel naval.

4 bâtiments cuirassés, savoir : *Sultan Mahmoud*, 18 canons de 50. 2 de 300 ; 4,200 tonneaux. — *Osman-Ghazy*, de 4,200 tonneaux. — *Abdul-Aziz* et *Orkhou*. — Ces deux derniers sont en voie d'achèvement.

—

BATIMENTS A HELICE ET A ROUES.

4 vaisseaux de ligne, — 8 frégates. — 9 corvettes, — 13 avisos, — 4 chaloupes canonnières, — 28 transports. — Ensemble 66 bâtiments à vapeur portant 1,742 canons, et une force de 13,314 chevaux.

—

BATIMENTS A VOILES.

1 vaisseau de ligne, — 1 frégate, — 15 corvettes, — 46 navires de différents types ; 12 sont en construction. — Ensemble : 63 navires à voiles.

La flotte ottomane se composerait de 129 navires de guerre, plus de quatre cuirassés.

—

ÉGYPTE

—

L'armée égyptienne se forme par la voie de recrutement. Elle s'élevait, en 1823, à un effectif de 21,000; mais, depuis cette époque, elle a été considérablement réduite par le vice-roi actuel, Ismaïl Pacha; elle se compose actuellement de : 8,000 hommes d'infanterie, 3,000 de cavalerie, et 3,000 d'artillerie et du génie; plus les troupes nègres. Total : 15,000 hommes environ.

La flotte se compose de : 7 vaisseaux de ligne, 9 corvettes, 25 petits navires et 27 transports, tant à vapeur qu'à voiles.

MOLDO-VALACHIE

ARMÉE DE TERRE.

Organisation.—L'armée régulière de la Moldo-Valachie ne date que de la réunion des principautés de Moldavie et Valachie sous le prince Couza, c'est-à-dire après le traité de Paris, à la suite de la campagne d'Orient. Le principe d'organisation de cette armée est le même que pour la France, la direction en ayant été confiée à des officiers français, desquels le ministre de la guerre de Valachie, M. Floresco, avait demandé la coopération.

L'armée moldo-valaque actuelle compte : un état-major général, un corps de l'intendance militaire, des troupes d'administration, des troupes d'infanterie, de cavalerie, d'artillerie et du génie.

L'état-major général et le corps spécial d'état-major comprennent 7 officiers généraux et 50 officiers de divers grades. Il y a 2 officiers d'état-major des places, l'un résidant à Bucharest, l'autre à Jassy.

L'intendance militaire est composée de 8 officiers qui sont répartis dans 4 circonscriptions administratives. Il y a neuf officiers d'administration, dont un principal.

Le service médical est de 54 médecins, 14 pharmaciens et 7 vétérinaires, avec une compagnie dite *sanitaire* de 3 officiers et de 176 soldats, laquelle correspond à notre service d'infirmiers militaires.

L'infanterie de ligne, forte de 10,600 hommes, est divisée en 7 régiments, comprenant chacun 2 bataillons ; plus 1 bataillon de chasseurs, 1 du génie, 1 de pompiers, et une compagnie de discipline.

La cavalerie, formée sur le pied de 1,450 hommes de troupe et 1,300 chevaux, constitue 2 régiments formant brigade ; les cadres sont de 72 officiers. Il existe, en outre, un escadron, dit *d'instruction,* de 9 officiers et de 122 hommes, avec 137 chevaux. La brigade de cavalerie est une brigade de lanciers.

L'artillerie est formée d'un régiment comprenant 25 officiers et 680 hommes de troupe avec 730 chevaux. La direction d'artillerie compte, en outre, dans ses établissements, 11 officiers et 192 hommes de troupe. Le service des poudres et salpètres est composé d'un officier et 80 militaires. Le train des équipages a 12 officiers, 260 hommes et 385 chevaux.

A ces forces actives, il convient d'ajouter : une compagnie d'ouvriers, une école militaire de 9 officiers et de 120 élèves, une légion de gendarmerie de 60 officiers et de 4,700 hommes avec 4,740 chevaux.

En résumé, l'armée régulière moldo-valaque présente sous les armes : 970 officiers, dont 7 généraux, 22 colonels, 18 lieutenants-colonels, 46 majors, équivalant à notre grade de chef de bataillon ; 176 capitaines, 497 lieutenants et sous-lieutenants, et 31,000 hommes de troupe et 8,500 chevaux. Elle a un ministère de la guerre, divisé en deux directions : personnel et administration centrale. Elle est fractionnée en deux divisions actives, dont le siége est à Bucharest et à Jassy.

A côté de cette petite armée, bien organisée et administrée, et composée d'hommes solides et bons soldats, se place un système de troupes spéciales à chaque province : 1° Les *gardes-frontières*, formant un corps de 107 officiers et 7,878 hommes avec 103 chevaux. Ils sont répartis sur les lignes du Danube ; 2° Le *corps des Doronbantz*, composé de 59 officiers, 4,676 hommes et 103 chevaux : ce sont des espèces de miliciens, exclusivement choisis parmi les hommes de la campagne, équipés, habillés et armés par l'Etat. Ces deux corps, en cas de guerre, seraient susceptibles de prêter un concours sérieux à l'armée régulière active.

MARINE.

La marine moldo-valaque se compose de :

> 1 vapeur;
> 5 chaloupes canonnières.

Le personnel compte 6 officiers et environ 300 hommes d'équipage.

SERVIE

L'armée serbe consiste en une armée permanente, c'est-à-dire avec
solde, et en gardes nationales. Ces dernières sont réparties en cinq
commandements, qui ont pour siéges : Sabac, Karanovac, Zajcar,
Pozorevac et Kragujevac.

D'après une récente organisation, due à l'initiative du prince régnant, Michel III Obrenovitch, et décrétée probablement en prévision
des événements, les gardes nationales ont été fondues dans l'armée
permanente. Cette armée, qui comprend 18 brigades, se divise en cinq
corps d'armée, comptant chacun 25,000 hommes. Chaque brigade est
composée de 2 régiments, à 2 bataillons, mais pouvant être portés à
4 bataillons par régiment.

D'après ces calculs, l'armée serbe s'élèverait, en temps de guerre
bien entendu, à 125,000 hommes.

La population de ce pays, intéressante par ses malheurs et les luttes
qu'elle a soutenues depuis 1815 contre la Turquie, s'élève à 1,120,000
habitants. La Servie n'a pu encore obtenir des sultans l'hérédité de la
dignité princière dans la famille Obrenovitch, qui est la famille ré-
gnante et indigène. Les Turcs sont exigeants !

MONTÉNÉGRO

—

Il n'y a pas d'armée permanente au Monténégro. Cette armée, en tous cas, se compose uniquement de la garde du corps du prince régnant ou Hospodar, Nicolas Ier Petrovich Njegok ; chef des gardes du corps, dits *Perjaniques*, le sénateur Pierre Vucotic. Les Perjaniques se composent de 100 cavaliers et de 400 fantassins.

Tout Monténégrin de 20 à 30 ans, capable de porter les armes, est soldat. En prenant pour base le chiffre des troupes mises en campagne lors de la dernière guerre contre la Porte Ottomane (en 1861 et 1862), on trouve que le Monténégro peut mettre sur pied 25,000 hommes, non compris un détachement de pionniers et un autre d'artillerie.

Commandant en chef de ces forces : Mirko Petrovich. Officiers en sous-ordre : 8 serdars et 40 capitaines.

Le prince régnant reçoit, outre une liste civile, une subvention annuelle de la France, de 50,000 fr., et une autre de la Russie, de 8,000 ducats.

Les Monténégrins sont tous de religion grecque ou catholique. n'y a pas parmi eux 10 mahométans, et cependant le Monténégro se trouve placé sous le protectorat de la Turquie, par suite de la dernière guerre, en vertu du traité de paix de Cetinje, des 8 et 9 septembre 1862. Quand donc les Turcs seront-ils bannis de ces paisibles contrées, qui les repoussent ?

10

BELGIQUE

ARMÉE DE TERRE.

La Belgique est divisée en 4 commandements militaires :

1re division, à Gand, commandant, le général-major Bruyneel.
2e — à Mons, — le lieutenant-général Renard.
3e — à Liége, — le lieutenant-général Fleury-Duray
4e — à Bruxelles, — le lieutenant-général Van Casteel.

Pied de paix : 30,000 hommes de troupes de toutes armes, officiers compris.

Le pied de guerre, d'après une loi du 8 juin 1853, est fixé à 100,000 hommes. L'armée vient d'être portée récemment a 80 000 hommes; c'est presque le pied de guerre. Voici l'évaluation de cette force :

INFANTERIE.

12 régiments de ligne, 36 bataillons, 216 compagnies, 31,536 hommes.
1 régiment de carabiniers, 4 bataillons, 24 compagnies, 3 504 h.
2 régiments de chasseurs, 6 bataillons, 36 compagnies, 5,256 h.
1 régiment de pionniers, 3 bataillons, 18 compagnies, 2,828 h.

Total : 16 régiments, 49 bataillons, 294 compagnies et 42,924 hommes d'infanterie.

32 bataillons et 128 compagnies de réserve : 28,032 hommes.

CAVALERIE.

2 régiments de chasseurs, 2 escadrons, 2 dépôts, 1,300 hommes.
4 régiments de lanciers, 20 escadrons, 4 dépôts, 2,600 h.
1 régiment de guides, 6 escadrons, 1 dépôt, 780 h.
Une école de cavalerie, forte de 2 escadrons, 260 hommes.
9 compagnies de gendarmerie, 1,092 hommes.

Force totale de la cavalerie, 6,032 hommes et 5,500 chevaux.

—

ARTILLERIE.

1 régiment à cheval, 4 batteries, 1 batterie de dépôt, 6 de siège, 548 hommes.
3 régiments, 15 batteries montées , 3 de dépôt, 18 de siège, 1,752 hommes.
1 division du train, 130 hommes.
1 compagnie de pontonniers, 137 hommes.
1 compagnie d'ouvriers, 132 hommes.
1 compagnie d'armuriers, 130 hommes.

Effectif total de l'artillerie : 2,829 hommes, 1,507 chevaux et 182 canons.

—

GÉNIE

1 régiment, 2 bataillons, 5 compagnies, 839 hommes.

L'effectif de guerre de l'armée belge peut donc être évalué à **42,924 hommes.** — En y ajoutant les 28,032 hommes de réserve, cela fait 80,636 hommes, effectif qui vient d'être constaté et, dit-on, ap**pelé sous les armes.**

La Belgique, qui a un très-beau et bon port, Anvers, n'a pas un seul bâtiment de guerre.

GRÈCE ᴇᴛ ILES IONIENNES

ARMÉE DE TERRE.

Etat-major général : Church, général ; Colocotronis, lieutenant-général.

911 officiers de tous grades.

10 bataillons de ligne ; 4 escadrons de cavalerie; 5 compagnies d'artillerie ; 1 compagnie de sapeurs ; 1 compagnie d'ouvriers. Effectif de ces corps réunis : environ 11,000 hommes.

ARMÉE DE MER.

Le vice-amiral Canaris est inspecteur général de la flotte. Les équipages comptent 1,070 marins.

1 frégate à hélice, 28 canons, 320 chevaux.
6 avisos.
3 vapeurs à roues, 6 canons, 120 chevaux.
2 corvettes à voiles de 26 et 22 canons.
22 petits navires à voiles.

Ensemble 10 vapeurs armés de 44 canons, d'une force de 735 chevaux. Plus 24 navires à voiles, armés de 138 canons. Total, 34 navires, armés de 182 canons.

SUISSE

—

ARMÉE FÉDÉRALE.

—

ÉTAT-MAJOR FÉDÉRAL.

1 général : Guillaume-Henri Dufour; — 53 colonels; — 76 lieutenants-colonels; — 95 majors; — 201 capitaines; — 87 lieutenants et 109 sous-lieutenants.

—

INFANTERIE.

74 bataillons, — 10 demi-bataillons et 7 compagnies non enregimentées (le bataillon est de 5 à 6 compagnies, et la compagnie de 125 hommes).   49,375 hommes.

La réserve de l'infanterie compte 31 bataillons, 10 demi-bataillons, 15 compagnies non enrégimentées.

Tirailleurs, 45 compagnies.   4,500 hommes.
— 26 compagnies de réserve.

—

CAVALERIE.

22 compagnies de dragons.   1,694 hommes.
7 — de guides et une demie.   240 —

Réserve : 13 compagnies de dragons et 8 compagnies et demie de guides.

—

ARTILLERIE.

40 compagnies, dont 6 de parc; — 2 batteries de montagne et 3 batteries à fusées. — Effectif inconnu.

Réserve : 35 compagnies, dont 6 de parc; — 2 batteries de montagne.

—

GÉNIE.

6 compagnies de sapeurs; — 3 compagnies de pontonniers. — Ensemble, 900 hommes.

Réserve : 6 compagnies de sapeurs, — 3 compagnies de pontonniers.

En résumé, l'armée fédérale régulière compte 86,393 hommes de toutes armes. —Réserve : 47,329 hommes: landwehr, 64,569 hommes.

Effectif total : 198,291 hommes.

ÉTATS ROMAINS

—

ARMÉE.

Inspecteur de l'infanterie : le général de brigade Kanzler.
Chef de l'état-major général : marquis Lepri.
Commandant de l'artillerie et du génie : colonel Blumensthil.

Etat-major, intendance, auditoriat, service de santé, 101 hommes.
1 régiment d'infanterie de ligne, 2 bataillons, 14 compagnies,
1,350 hommes.
  1 bataillon de chasseurs (cacciatori), 860 hommes.
  1 bataillon de troupes de garnison, 500 hommes.
  1 compagnie d'infirmiers, 80 hommes.
  1 compagnie d'ouvriers, 130 hommes.
  1 légion de gendarmerie, 12 compagnies, 415 chevaux, 2,370 h.
  1 bataillon de zouaves, 8 compagnies franco-belges, 542 hommes.
  1 bataillon de carabiniers suisses, 8 compagnies, 520 hommes.
  1 régiment d'artillerie et du génie, 340 chevaux, 961 hommes.
  2 escadrons de dragons (indigènes et étrangers), 215 chevaux, 326 h.

Au total 7740 hommes, non compris la garde noble, la garde du
corps suisse et la garde du palais.

En août 1865, il a été décrété que ces troupes seraient augmentées
de 3,000 par la voie des enrôlements volontaires à l'étranger. Nous ne
savons pas quel effectif a produit ce recrutement.

Enfin, au mois de février dernier, le gouvernement français, en
prévision du rappel de nos troupes de Rome, a autorisé la formation

à Antibes d'un bataillon de 1,206 Français et étrangers ayant servi dans l'armée régulière comme officiers ou soldats, et professant la religion catholique. M. d'Argy, colonel d'infanterie en retraite, a été autorisé à passer au service du gouvernement pontifical en qualité de commandant de ce bataillon. Les volontaires font défaut.

—

FLOTTE.

1 corvette à vapeur : *l'Immaculée-Conception,* commandant Cialdi capitaine de frégate.

1 aviso à vapeur : *le Saint-Pierre.*

RÉCAPITULATION DES FORCES DE TERRE ET DE MER SUR PIED DE GUERRE.

—

PREMIER GROUPE.

France	903,617 hommes.
Prusse.	650,000 —
Italie.	424,193 —
Russie.	1,200,000 —
Espagne.	271,900 —
Portugal.	64,118 —
Hollande.	92,000 —
Suède et Norwége.	139,800 —
Danemarck.	41,940 —
	3,787,568 hommes.

—

DEUXIÈME GROUPE.

Angleterre.	365,000 hommes
(et pour mémoire 230,000 volontaires).	
Autriche.	651,612 —
Confédération germanique. . .	407,361 —
Turquie.	341,580 —
Suzerains de la Turquie (Égypte, Moldo - Valachie, Monténégro, Servie), ensemble	152,000 —
Belgique.	80,650 —
	1,998,203 hommes.

—

TROISIÈME GROUPE.

Suisse.	198,291 hommes.
Etats-Romains	12,000 —
	210,291 hommes.

En additionnant les chiffres qui précèdent et en résumant les événements politiques de ces dernières années, on arrive facilement à se convaincre que l'empire du monde appartient toujours à la force, et que les vieux principes d'équilibre européen sont dangereusement malades à cette heure. Demain il y aura présents sous les armes, *cinq millions neuf cent quatre-vingt-seize mille soixante-deux* officiers, sous-officiers et soldats.

Les chiffres de ces effectifs, relevés à vrai dire sur le pied de guerre, qui est en ce moment, à peu d'exceptions près, établi dans toute l'Europe, sont effrayants. Nous avons dû les vérifier à plusieurs reprises pour nous convaincre nous-même qu'il n'y avait pas d'erreurs dans les calculs. Nous les donnons donc pour authentiques et absolument exacts.

En évaluant, d'après les tarifs français, la dépense qu'entraînent l'entretien, l'habillement, la nourriture, etc., de ces forces, à un million par chaque millier d'hommes, on aboutit au résultat que voici :

Les armées d'Europe réunies coûtent annuellement *six milliards* environ.

Si l'état des armements actuels devait se prolonger, l'Europe serait ruinée en moins de dix ans.

Il y a nécessité à ce que la situation politique soit modifiée et même radicalement changée. La cause disparaissant, ces armements exagérés et ruineux cesseront immédiatement.

XI

En voyant la guerre s'allumer simultanément sur le Rhin et en Italie, on se demande avec anxiété, en Europe, quel parti la France sera disposée à prendre. Nous avons suffisamment démontré qu'elle ne peut pas être pour l'Autriche. La question est de savoir si elle sera contre elle.

Le Moniteur universel garde sur ce point délicat un silence qui inquiète quelques journaux officieux; *le Constitutionnel* et *le Pays* notamment insinuent, il est vrai avec des précautions oratoires infinies, que la France gardera la neutralité, mais ils ajoutent immédiatement, comme pour appeler toute l'attention sur le trait final, qu'elle s'est réservé sa liberté d'action. Notez qu'on dit liberté *d'action* et non liberté *d'appréciation* ou de conduite, ce qui serait bien différent.

A quel moment la France fera-t-elle usage de sa liberté d'action? *le Constitutionnel* l'a déclaré récemment avec une certaine fierté, qui, d'ailleurs, lui est naturelle aux heures de crise. Il a dit que la France prendrait une position plus nette, lorsque l'honneur ou l'intérêt national se trouveraient engagés. Ce langage est trop vague, a-t-on répliqué.

Non pas, il est fort clair, selon nous. La cause déter-

minante de la conduite future de la France étant connue,
il reste à prévoir quand et dans quelles conditions cette
cause produira ses effets. En d'autres termes, il s'agit de
distinguer et de préciser le point où nos intérêts et
notre honneur se trouveront être atteints, en Italie, en
Allemagne, ici ou là.

En Italie, l'honneur de la France serait atteint le jour
où un soldat autrichien dépasserait la ligne de démar-
cation tracée par l'épée et la plume de l'empereur Napoléon, à Villafranca, après Magenta et Solférino. Le cas
n'est pas probable; nous voulons dire qu'il n'entre nulle-
ment dans les probabilités de la guerre présente, si l'on
tient compte, d'un côté, des forces organisées dont
l'Italie dispose, et, d'autre part, des moyens fort réduits,
bien que considérables encore, que l'Autriche est en mesure d'employer contre son adversaire, eu égard à sa situation en Allemagne. L'Italie, avec la diversion immense
créée par les circonstances, ne peut pas subir l'affront
d'une reculade ou d'une retraite sur la Lombardie.

La France n'a donc pas, c'est une espérance, le souci
d'entreprendre une seconde campagne italienne. Les
Italiens doivent suffire à cette grande tâche.

Les probabilités d'une intervention de la France en
Allemagne sont bien moindres. Dans le duel entre la
Prusse et l'Autriche, il est peut-être réservé à la France
un cas de force majeure, propre à nécessiter son intervention sur le Rhin.

Tant que la guerre restera circonscrite de puissance à
puissance, d'Autrichien à Prussien, la nécessité d'une

intervention ne sera pas impérieuse pour la France. Elle le deviendrait le jour où les États secondaires de la Confédération, formant une ligue, tomberaient sur la Prusse et chercheraient ainsi à rompre l'équilibre des forces entre les parties belligérantes. Alors, mais alors seulement, le gouvernement français n'aurait plus à se confiner dans une neutralité dangereuse pour ses intérêts ; il aurait à agir promptement et à arrêter l'Autriche et la Confédération dans leur œuvre d'absorption. L'invasion du territoire rhénan serait bientôt un fait accompli, et, de là, un ou deux corps d'armée français briseraient, l'un après l'autre, tous les anneaux de cette ligue.

Ainsi, selon nous, la fortune de la guerre ne doit pas nous ramener en Italie, mais elle peut nous obliger à occuper les territoires de la rive droite du Rhin, pour la garantie de la sécurité et des intérêts nationaux.

Quelle est la conclusion qui s'impose à tous les esprits lucides, et qui va se traduire en faits certains ? La voici :

La vieille Europe croule de fond en comble, et la nouvelle ne sera pas l'œuvre d'une diplomatie sénile.

La diète allemande de Francfort a fait son temps. Elle suivra les destinées de l'Autriche, dont elle a toujours été la servante politique.

L'Autriche est une cause permanente de dangers pour la paix de l'Europe. Il faut épuiser cette cause.

La Prusse et l'Autriche ne peuvent plus rester sur un pied égal en Allemagne. Une absorption de tous les petifs États par la Prusse est inévitable, tôt ou tard. On peut souhaiter ce résultat sans être *Pan-Germaniste*.

L'Allemagne est en pleine dissolution, et le système de la landwehr n'y aura pas peu contribué. En compensation de leurs maris et de leurs frères arrachés à la famille, l'Etat donne aux femmes un secours de 25 centimes par jour, et à chaque enfant dix centimes. La landwehr est profondément immorale et révolutionnaire.

Les politiques neutres ou les neutralités sont aujourd'hui des contre-sens ou des trahisons. Que penser, par exemple, de la neutralité amicale ou armée du Hanovre ?

Les politiques égoïstes, comme celles de l'Angleterre, sont aussi frappées de paralysie. C'est au gouvernement britannique qu'on doit faire remonter la responsabilité de la crise financière qui désole nos voisins, et qui a des contre-coups si désastreux sur le continent. C'est la politique anglaise qui sombre de tous côtés. C'est l'honneur politique de l'Angleterre qui fait faillite.

Cette guerre de famille qui menace d'embraser l'Allemagne, ce n'est pas encore la fin de la crise européenne. Mais c'est un rude et remarquable acheminement à la réduction finale de l'Angleterre. La question italienne et allemande sera nécessairement absorbée dans quelque temps par la question d'Orient. L'Angleterre y jouera son va-tout.

La guerre ne peut durer plus de trois mois. L'état moral et financier de l'Europe, autant que l'étroit théâtre de la lutte, et l'énorme agglomération des forces militaires, doit même nous faire croire à un plus prompt dénoûment. Et puis, le temple qu'on bâtit sans relâche à l'Exposition universelle sur l'historique terrain du Champ de Mars ne peut rester vide en 1867. L'Empereur veut que l'allégorie soit complète, que la paix s'élève aussi en même temps sur les champs de bataille en Europe.

FIN

Paris. — Imprimerie Walder, rue Bonaparte, 44.